O INFERNO SOMOS NÓS:
DO ÓDIO À CULTURA DE PAZ

PAPIRUS ◆ DEBATES

A coleção Papirus Debates foi criada em 2003 com o objetivo de trazer a você, leitor, os temas que pautam as discussões de nosso tempo, tanto na esfera individual como na coletiva. Por meio de diálogos propostos, registrados e depois convertidos em texto por nossa equipe, os livros desta coleção apresentam o ponto de vista e as reflexões dos principais pensadores da atualidade no Brasil, em leitura agradável e provocadora.

LEANDRO KARNAL
MONJA COEN

O INFERNO SOMOS NÓS:
DO ÓDIO À CULTURA DE PAZ

PAPIRUS 7 MARES

Capa	Fernando Cornacchia
Coordenação	Ana Carolina Freitas
Transcrição	Nestor Tsu
Edição	Ana Carolina Freitas
Diagramação	DPG Editora
Revisão	Isabel Petronilha Costa

Dados Internacionais de Catalogação na Publicação (CIP)
(Câmara Brasileira do Livro, SP, Brasil)

Karnal, Leandro
 O inferno somos nós: Do ódio à cultura de paz/Leandro Karnal, Monja Coen. – Campinas, SP: Papirus 7 Mares, 2018. – (Coleção Papirus Debates)

ISBN 978-85-9555-011-7

1. Autoconhecimento 2. Cultura 3. Não violência 4. Paz 5. Valores (Ética) I. Coen, Monja. II. Título. III. Série.

18-13562   CDD-170

Índice para catálogo sistemático:
1. Cultura de paz: Filosofia: Tertúlia   170

1ª Edição – 2018
13ª Reimpressão – 2020

Exceto no caso de citações, a grafia deste livro está atualizada segundo o Acordo Ortográfico da Língua Portuguesa adotado no Brasil a partir de 2009.

Proibida a reprodução total ou parcial da obra de acordo com a lei 9.610/98.
Editora afiliada à Associação Brasileira dos Direitos Reprográficos (ABDR).

DIREITOS RESERVADOS PARA A LÍNGUA PORTUGUESA:
© M.R. Cornacchia Editora Ltda. – Papirus 7 Mares
R. Barata Ribeiro, 79, sala 316 – CEP 13023-030 – Vila Itapura
Fone: (19) 3790-1300 – Campinas – São Paulo – Brasil
E-mail: editora@papirus.com.br – www.papirus.com.br

SUMÁRIO

Prólogo 7
  Monja Coen

Cultura de violência e medo 9

Disciplina que liberta 21

"Essa maneira de pensar também existe" 36

Tolerância e limite 45

Cultura de paz na prática 57

Respeito e autoconhecimento 71

Foco e resiliência 82

Coerção e consenso 89

Uma síntese 98
Epílogo 103
    Leandro Karnal
Glossário 105

N.B. As palavras em **negrito** integram um **glossário** ao final do livro, com dados complementares sobre as pessoas citadas.

Prólogo

Monja Coen

Fui convidada a dialogar com o professor Leandro Karnal, em seu escritório, em um domingo de manhã.[*] Tenho seguido suas apresentações no *Jornal da Cultura*, suas frases inspiradoras no *Careca de Saber* da Band e suas palestras que são postadas no YouTube e no Facebook. Sinto grande respeito e admiração por ele. Esse encontro, então, me deixou contente e apreensiva. Afinal, Leandro Karnal já declarou várias vezes que acorda às quatro da manhã para meditar e estudar. Eu, monja zen-budista, me sinto em falta diante dessa declaração. Deveria, como no mosteiro, acordar nesse horário para meditar

---

[*] O encontro, que resultou neste livro, aconteceu no dia 17/9/2017. (N.E.)

e estudar, mas não o faço. Dou aulas, palestras até às dez horas da noite. Acabo abrindo o computador nesse horário e durmo tarde, depois da meia-noite, muitas vezes – maneira de me desculpar por não seguir o bom exemplo de dormir cedo e acordar cedo para meditar e estudar.

Ao me aproximar do edifício, encontro a porta aberta. Passo pela catraca, subo o elevador e a porta do escritório também está aberta. A equipe de gravação e a editora estão me aguardando com o professor Karnal, que me recebe sorrindo e se lembra de um encontro nosso, há anos, na Casa do Saber. As portas abertas, o sorriso, a lembrança me deixam mais à vontade, sabendo que vim aqui também para aprender com uma pessoa de grande cultura e inteligência. Depois de nos assentarmos – professor Karnal senta-se sempre muito ereto "pelos estudos de piano desde a infância", esclareceu –, pedem-me que inicie e, quando eu falo, ele mantém os olhos baixos, como me dando permissão a ser quem sou, sem influências do seu olhar. A sala tem grandes janelas de vidro em três de suas paredes principais. Céu, pássaros e nós.

Assim, iniciei.

Cultura de violência e medo

Monja Coen – Quando falamos sobre cultura de paz, um dos meus lamentos é que a história da humanidade conte pouco de respostas não violentas da humanidade aos conflitos. Os livros de história pouco tratam das pessoas que tiveram uma maneira de viver menos violenta. Que foram menos agressivas e mais acolhedoras. Discriminações, preconceitos, guerras, escravização, tortura, raiva sempre existiram entre nós, humanos. Manifestações de ódio não são uma novidade da nossa época. Assim como sempre existiram, também, grupos que pensam de forma diferente. O que acontece é que se dá muita visibilidade às violências e ao medo através dos meios de comunicação, da informática, da tecnologia. Ficamos sabendo imediatamente de tudo o que possa estar acontecendo em qualquer lugar do mundo. E a mídia parece muito interessada em mostrar o que não é bom. Daí, eu pergunto: Qual é a necessidade de manter a população amedrontada? Quais as vantagens disso? A quem interessa uma população que pensa: "O outro é perigoso, é o inimigo; arme-se, prepare-se para a luta". Percebo isso no mundo hoje. Temos a mídia, que é facilitadora para que as pessoas fiquem assustadas e considerem prioridade o que não é benéfico: o crime, as guerras, as bombas, os conflitos, as várias formas de discriminação e preconceito e a corrupção. Esses seres atrelados aos crimes são os nossos atores principais na capa das revistas, dos jornais e nos canais de televisão. Ao mesmo tempo, há pessoas boníssimas, fazendo coisas maravilhosas, que aparecem tão pouco – isso quando aparecem. Houve uma inversão de valores – o prejudicial priorizado. Acredito que seja muito importante haver uma *reinversão* de valores, dando maior ênfase às coisas boas, para que possamos desenvolver uma cultura de paz. Cultura de cultivar – como cultivamos plantas, flores, frutos e alimentos – afetos. Cultivar a não violência ativa, como insistiu **Mahatma Gandhi** em sua vida, cultivar o cuidado, o respeito, a compreensão, a amorosidade. Precisamos, sim, alertar contra os malfeitos e os erros de compreensão humana, alertar contra os preconceitos e as discriminações, alertar contra as várias formas de violência. Mas é preciso também dar visibilidade ao que é benéfico, aos bons exemplos a serem seguidos. Por outro lado, lembro-me do psiquiatra **José Angelo Gaiarsa**, que falava algo interessante. Ele dizia que o mal tem tanta visibilidade porque o bem ainda prevalece. Se fazer o bem fosse uma raridade, estaria na primeira página do jornal. O mal ainda é uma raridade, o crime é algo raro, por isso chama tanta atenção. Mas nem todos assim o compreendem e vivem amedrontados ou estimulados a cometer crimes semelhantes aos divulgados com tanta intensidade.

Leandro Karnal – Devo dizer que é uma honra estar nesta manhã de domingo conversando com a senhora sobre esse assunto. E começo concordando com a primeira parte da sua fala, de que nós temos ódio e enfrentamento ao longo de toda a história. Eu diria até que, hoje, nós nos chocamos um pouco mais com massacres e genocídios – e os números são maiores do que no passado, não só porque temos mais gente no mundo, mas porque nós temos métodos mais eficazes de morte. Os massacres e assassinatos sempre foram muito frequentes, em todas as épocas da história. A diferença, hoje, talvez esteja em duas novidades. A primeira é que temos mais informação sobre eles. Por exemplo, um choque entre tútsis e hutus em Ruanda,* na África, no século XII não seria do conhecimento nem de europeus, nem de americanos, nem de asiáticos. Hoje, nós somos não apenas informados imediatamente de um massacre, mas somos também ilustrados por filmes, debates e obras sobre essa violência. Os massacres, antes, eram locais; agora, se tornaram universais. A visibilidade da internet colocou em choque pessoas que antes não tinham contato. É o caso recente de um grande músico brasileiro, **Chico Buarque**, que até mesmo as redes sociais imaginavam que todos amassem. Tido como alguém que fazia músicas

---

* Referência ao genocídio ocorrido em Ruanda em 1994, quando extremistas de etnia hutu se voltaram contra o grupo minoritário tútsi e os hutus moderados, provocando a morte de cerca de 800 mil pessoas, em apenas cem dias. (N.E.)

lindas, era um símbolo da cultura brasileira, mas, de repente, por posicionamentos políticos que iam contra a opinião de outras pessoas, ele se descobriu atacado na rua e nas redes. Descobriu-se, então, que o amor não era uma unanimidade em relação a ele. E a segunda novidade é que existe hoje também, por uma série de fatores, no Ocidente em particular, uma exacerbação do eu, da sua autoestima e da ideia de que "se eu penso assim, isso é o correto". Entendo que sempre fomos orgulhosos, cheios de vaidade. Sempre fomos egoístas. Mas, agora, esse eu não tem mais limites. E ele entra em contato com outro eu a tal ponto que pode, por exemplo, alguém de dezesseis anos deixar um recado nas redes sociais da senhora, que estuda zen-budismo há boa parte da vida, dizendo: "Está tudo errado, eu penso diferente". Não existe mais aquela ideia de que "bem, se ela estudou a vida toda, existe uma chance de que, talvez, conheça algo. E eu, que estudo há cinco minutos, talvez conheça menos". Isso desapareceu. Desapareceu a autoridade, os discursos totalizadores, os discursos gerais – inclusive os religiosos e os políticos. E surge a imersão do eu, que sempre foi violento e que, agora, entra em contato um com o outro. E também acho muito boa a observação de que o mal, em si, é excepcional – ainda que seja banal, como diz **Hannah Arendt**. Estamos aqui, neste momento, trabalhando em um domingo, discutindo cultura de paz, e isso não será manchete de nenhum jornal amanhã. Mas se alguém for assaltado na rua, aqui em frente, essa será a manchete. De fato, o mal é menos discreto, é mais chamativo. E é muito boa a observação com base na obra do falecido Gaiarsa de que o bem é majoritário. Para existir um corrupto, para que um possa roubar, tem que haver muita gente depositando dinheiro no cofre. Se todos roubassem, o cofre estaria vazio. É preciso, portanto, que muita gente encha o cofre. Para cada assalto terrível e tão frequente que ocorre em uma cidade grande como São Paulo, há milhões de pessoas que foram trabalhar e voltaram para casa sem terem sido assaltadas. Mas o que estampa o jornal é o assalto. Não sou conspiracionista, mas acho que, talvez, exista um plano geral em que interessa muito o medo porque ele é a melhor forma de controlar as pessoas. Atrai-se mais gente para um grupo inspirando os horrores do inferno do que apresentando as delícias do paraíso. O medo é o primeiro dos quatro gigantes da alma, como diria **Emilio Mira y López**,[*] é uma das coisas enormes da nossa capacidade de agir como os outros querem que a gente aja. Entregamos a liberdade se sentimos que a nossa vida está em risco.

Em um texto recente que li do médico **Drauzio Varella** sobre o sistema prisional, *Prisioneiras*,[**] o último volume de uma trilogia, ele diz que, na prisão, não é a liberdade que as pessoas debatem, mas a sobrevivência. Portanto, até mesmo o valor "liberdade" diminui quando o imperativo categórico chamado

---

[*]   *Cuatro gigantes del alma. El miedo, la ira, el amor y el deber*, 1947. (N.E.)
[**] São Paulo: Companhia das Letras, 2017. (N.E.)

"sobrevivência" se sobrepõe. Preferimos sobreviver a ser livres. E preferimos sobreviver e ser livres a uma terceira coisa. Essas categorias, portanto, estão ligadas ao medo. Nós somos pessoas assustadas. E pessoas assustadas obedecem com facilidade. Desde a infância, aqui no Ocidente, os pais incutem o medo nos filhos, por exemplo, quando dizem: "Se você não se comportar, eu vou dá-lo para o velho do saco na rua". Ou: "Se não se comportar, vou deixá-lo aí e você vai ficar sozinho".

> **O medo é fundamental e está na base de quase todos os grandes preconceitos e ódios que cultivamos. Alguém com medo é alguém que aceita a autoridade.**

Monja Coen – Ou: "A Cuca vem pegar"...

Karnal – Exatamente. Nós assustamos o outro porque, assim, conseguimos a submissão. Sem o risco da nota em sala de aula, sem o risco da polícia, sem o medo da punição, o bem tende a não se sustentar – o que é uma visão pessimista do ser humano. Mas o medo é uma grande força da espécie humana. Com o medo, obtemos a união e conseguimos vencer resistências individuais. O medo é fundamental e está na base de quase todos os grandes preconceitos e ódios que cultivamos. Alguém com medo é alguém que aceita a autoridade.

Monja Coen – Talvez, por isso, se diga no zen-budismo que o maior presente que se pode dar a alguém é o não medo. E como se faz isso? Não tendo medo. É algo difícil. O símbolo de Kanon Bodisatva, que é o bodisatva* da compaixão, é esse, o não medo. E tirar o medo é complicado. Como você lembrou, desde que nascemos, já começam a nos alertar: "Cuidado com isto, cuidado com aquilo". No budismo, trabalhamos muito com a ideia de libertação – libertar-se das ideias e dos conceitos que foram colocados em nós desde o útero materno, desde antes do nascimento, pela maneira como a mãe se portou durante a gravidez; libertar-se não só da parte genética que vem conosco, mas da parte que vai sendo adquirida dos relacionamentos na infância, na adolescência, de escolhas e não escolhas. Certa vez, assisti à palestra de um neurocientista, um estudioso da mente humana, dos neurônios, das ligações do cérebro, e ele comentou que nós temos somente 5% de livre-arbítrio. Achei isso bem interessante. Ele disse: "Professores e pais, não se assustem. Mas a sua capacidade de influenciar um ser humano é de 5%". Esses 5% são muito importantes, porque fazem a diferença. Por mais que nós estejamos nessa cadeia de medo instituída desde antes do nascimento, durante toda a infância, a juventude, a maturidade e a velhice, podemos sair da trama do medo. Podemos despertar. Podemos nos libertar e viver sem medo, sem ansiedades sobre o que será e como será, mas apreciando a fugacidade do momento.

---

* No budismo, bodisatvas são seres iluminados, que ajudam as outras pessoas a também alcançarem a sabedoria de Buda. (N.E.)

Se a infância foi difícil por nos depararmos com autoridades fisicamente maiores do que nós, se a juventude dependeu tanto e tanto da aprovação dos nossos pares, se a maturidade nos fez mais independentes, entretanto ainda dependentes da aprovação social, familiar, a velhice também é muito assustadora. Estou com 70 anos e já começo a ver as perspectivas de deficiências que podem acontecer com qualquer um de nós. O corpo fica mais frágil... A possibilidade de depender de alguém, por exemplo, para se locomover ou ir ao banheiro, parece meio assustadora. O medo faz parte de um processo de não estar presente no que está acontecendo e não vivenciar aquilo assim como é. Ainda posso me movimentar bem e não dependo de outras pessoas para sobreviver. A perspectiva de um futuro, que poderá nunca acontecer, é uma probabilidade apenas, e não a realidade. Refletindo assim, o medo da velhice evapora. É preciso estar presente no que acontece e manter a capacidade de percepção clara da realidade para saber quando o medo é necessário. Pois o medo é precioso também, ele nos impede de sermos feridos ou mortos, tanto pelas feras, quando vivíamos na floresta, quanto pelos perigos urbanos. Ele nos impede de sucumbir, talvez. As pessoas comentam comigo: "Querem puxar meu tapete. Estou muito aflito no meu trabalho, porque querem tomar o meu lugar". E eu respondo: "Mas você está percebendo isso. No momento em que percebe, há alternativas: ou pula de lado e o tapete sai e você fica em pé, ou você cai e se levanta". Hoje, muitas empresas em fusão despedem alguns, contratam outros. Profissionais com as mesmas capacitações ficam muito assustados, "porque vão pegar o meu lugar" ou "vão me despedir". Mas ninguém pode pegar o seu lugar, porque o seu lugar é seu. E se ele não é aqui, será em outra empresa. Em um momento de transição como esse, quem conseguir manter a calma e fazer o seu melhor garantirá a sua vaga. Quem, através do medo, fica assustado, deixa de produzir de acordo com a sua capacidade e acaba sendo descartado. O que você escolhe? Essa é a pergunta que faço nas empresas. E é preciso apreciar o local em que se trabalha, se vive e se convive.

Karnal – Há dez anos, quando a convidei para uma palestra em uma instituição, a senhora anunciava ter 60 anos e se alegrava porque, em culturas tribais, seria o momento de tocar tambor. Hoje, a senhora tem 70. Há dez anos, eu tinha 44. Portanto, é muito bom e muito intenso ouvir sobre os medos. Pois a maioria das pessoas que mora em uma cidade grande não está presa em uma cadeia, mas, sim, em muitas cadeias. E é possível que o tempo de um prisioneiro seja um pouco mais dele do que o tempo de um empresário, por exemplo. Não estou idealizando a prisão, mas, talvez, um prisioneiro, apesar de ter horário de refeição, seja mais dono do tempo, tenha mais tempo para estar com ele mesmo. O meu grande herói, Hamlet, diz: "Eu poderia ser livre em uma casca de noz".[*] É

---

[*] Trecho de *Hamlet*, peça de William Shakespeare. (N.E.)

a ideia de que a consciência não depende do ambiente. Claro que existe certo idealismo na separação entre local e consciência de liberdade. Porém, demanda certa sabedoria perceber que o príncipe de Shakespeare está correto. Eu posso ser livre na casca de noz e, obviamente, estar atacado de total claustrofobia em um palácio.

Monja Coen – A liberdade que pode acontecer em um presídio – ou em qualquer local – só começa quando não há mais nada a perder, nada a defender e a proteger, nem mesmo a própria vida; quando o apenas sobreviver a cada momento é o objetivo fundamental. Esquecemos, no dia a dia, que somos mortais. Estamos sempre defendendo e protegendo posições, papéis, personagens e objetos materiais. Quando tudo isso deixa de ser o essencial, o que sobra? A ideia comum de liberdade é não haver um presídio, é não haver grades, barreiras, paredes imensas e alguém controlando a porta com trancas e chaves. Mas quantas pessoas nos controlam com chaves invisíveis, vão abrindo e fechando portas a seu gosto, e nós nos permitimos aprisionar? Nós nos deixamos aprisionar, por medo, por conveniência. Se em um determinado momento consideramos essa prisão confortável, com o tempo ela se torna incômoda e procuramos a liberdade, queremos ter as chaves dessas portas. Ou nem chaves – portas sem chaves. Paredes flexíveis, janelas abertas onde dentro e fora se confundem e se harmonizam. Aliás, eu quero muito agradecer, porque cheguei aqui e a porta da rua estava aberta. Quando cheguei aqui em seu escritório, professor, a porta também estava aberta. E essa é uma maneira muito terna de receber alguém. Quando chegamos em algum lugar e nos deparamos com uma porta fechada que o outro demora para abrir, temos a sensação de que não somos muito bem-vindos. Encontrar a porta aberta aqui foi muito terno para mim. E isso me fez lembrar de outra ternura que recebi, quando visitei a lama* que hoje é uma das professoras responsáveis pelo templo budista de Três Coroas, no Rio Grande do Sul. Ela tinha sido esposa do **Chagdud Rinpoche**, que havia morrido. Fui visitá-la e ela me disse: "Estou esperando você há dois dias. Que alegria esperá-la!". Não é gostoso? Deu-me o lugar de honra da sala, onde sentaria seu falecido marido, e me serviu com alegria e respeito.

> **Estamos sempre defendendo e protegendo posições, papéis, personagens e objetos materiais. Quando tudo isso deixa de ser o essencial, o que sobra?**

Eu também me senti assim sobre me encontrar com você. Eu fiquei esperando por este encontro com alegria e com certo temor também. Apesar de tê-lo ouvido muitas vezes, em vários programas, acho que sempre ficamos um pouco apreensivos antes de um encontro. Mas, afinal, somos apenas dois seres humanos conversando. Cada um com seu ponto de vista, suas

---
* Chagdud Khadro. (N.E.)

expectativas, seu conhecimento, suas experiências. Você tem uma larga experiência acadêmica e também de vida, práticas vivenciais. Vim com a alegria de poder refletir com base em suas colocações.

Disciplina que liberta

Karnal – Para aqueles, maioria no Brasil, que não conhecem a tradição budista, a pergunta seria: como, na prática, entregar ao outro o dom de não ter medo? Isto é, como teoria e ideal. Como produzir o não medo, que é a base de uma cultura de paz? Como um pai, um professor, uma autoridade podem estimular o não medo, que é uma condição da existência da cultura de paz, já que ela, tema da nossa conversa, se opõe à cultura do medo? Como, na prática, eu introduzo em alguém a noção do não medo?

Monja Coen – A minha prática principal é a meditação que chamamos no budismo de *zazen*: *za* é sentar e *zen* é meditar. Para que serve? Para conhecer a si mesmo. E conhecer a si mesmo vai um pouco além da nossa historinha pessoal. A ideia é conhecer o que é a mente humana, conhecer como nós funcionamos como seres humanos. Observar a própria mente e, ao mesmo tempo, perceber que ela não está separada nem de nada nem de ninguém. Que nós fazemos parte de uma trama, de uma teia de inter-relacionamentos, e que nada existe por si só. Eu posso pensar no meu corpo intelectualmente, como se o meu cérebro estivesse separado dele. Mas o meu cérebro funciona nesse organismo vivo, e tudo vai se manifestar no corpo. Quando começo a perceber como tudo isso funciona e qual é o mecanismo do medo em mim, de onde ele surge e como se manifesta no meu corpo, passo a dar mais atenção à minha respiração. Esse é um exercício prático para que as pessoas possam entrar em contato com aquilo que alguns vão chamar de sua "essência verdadeira", o seu "eu verdadeiro". Se bem que eu acredito que tudo é o "eu verdadeiro" se manifestando. Inclusive o medo e a ausência de conhecimento, e não só a sabedoria e a verdade, são também o "eu verdadeiro" se manifestando. Mas, como observar em profundidade para perceber se é necessário ou não esse estado de alerta extra que o medo provoca? O estado de fechar-se ou segurar-se, de fugir ou enfrentar, de aceitar ou rejeitar? Sempre a dualidade nos toma de surpresa e ficamos entre ser ou não ser, mas podemos ir além da mente dual.

Uma contração muscular acontece no corpo, o diafragma fica pressionado, a pessoa não respira direito. Essas são características não só do medo, mas de qualquer uma das emoções que não são benéficas ao nosso sistema psicofísico. As emoções de alegria e contentamento são mais relaxadas. Já as outras emoções tensionam o corpo e a mente-coração.

Mente-coração, em japonês, é um caractere chinês, lido *shin*, que significa o espírito, a essência. Acredito em trabalhar simultaneamente o corpo físico – respiração consciente, relaxamento de áreas contraídas, tensionadas – com ideias, pensamentos, filosofias, maneiras de olhar a realidade que podem ser transformadas. Por exemplo, a ótica de uma sociedade de violência, uma sociedade de um contra o outro pode se tornar a de convivência mais colaborativa e cooperativa. Estava outro dia em Salvador e, em um canal de televisão educativa, vários professores falando em espanhol – não sei distinguir de qual país eram – comentavam o que eles chamavam de educação proibida. Explicavam que o nosso sistema educacional havia sido criado na Prússia e estava ligado ao exército, por isso ensinamos crianças, desde a infância, a competir pela nota, pela posição na sala em vez de colaborar com os outros. Exigimos o silêncio e a ordem. Ameaçamos com sala da diretoria, notas baixas, expulsão. Isso cria o medo. "Se eu não tirar a nota na prova, a escola vai mandar relatório para o meu pai. E eu tenho que saber todas essas matérias! Mas algumas não me interessam de maneira nenhuma, não tenho aptidão nenhuma para elas." O exemplo que esses professores deram foi de que **Salvador Dalí** gostava de desenhar. Nas aulas, ele só fazia isso. E os professores dele ficavam muito bravos porque o menino não prestava atenção no assunto da aula, não se interessava pelas matérias, apenas desenhava. Finalmente, os pais acolheram o fato de que o menino poderia ser um artista, e essa aceitação fez dele um grande mestre, deu significância à sua vida, à sua manifestação no mundo. Portanto, quando falamos da cultura de violência e do medo, ela está também envolvida na questão da didática atual, nos métodos pedagógicos, na maneira como o sistema educacional está sendo mantido. Para mim, mais importante que edifícios são educadores capazes de provocar o interesse pela pesquisa, pelo estudo, pelo desenvolvimento físico-motor, intelectual, cognitivo. Como dizia **Paulo Freire**, "ensinar a ler a realidade".

Karnal – Nosso sistema escolar tem como modelo a escola prussiana porque, em determinado momento da história, quando a Prússia venceu a França na guerra de 1870, espalhou-se por toda a Europa que a vitória de Berlim no campo de batalha era a vitória do mestre-escola alemão, que havia formado soldados disciplinados. Nós entendemos, então, em história da educação, que carteiras ordenadas, alunos em silêncio, produtivos e uniformizados preparam dois tipos de cidadão: o trabalhador da fábrica e o cidadão-soldado. Ele é esse medo vitorioso, portanto. As escolas deveriam ser "adestradoras" de cidadãos a serviço da pátria e da produção. O local de produzir curiosidade, dúvidas, inquietações e afetividades que seguiriam pela vida toda torna-se um misto de fábrica-prisão-quartel. Emerge também uma violência escolar sem precedentes que nos acompanha até hoje.

Monja Coen – Quando nós temos um sistema escolar que é violento por não acolher, não ouvir a verdadeira necessidade dos alunos e por querer encaixá-los em um programa e em um sistema em que nem todos se encaixam, como transformá-lo em um sistema menos rígido, mas ao mesmo tempo com ordem e disciplina? A proposta de uma cultura de paz é de uma revolução muito grande, uma grande transformação individual e social. Porque é necessário modificar todo um sistema educacional, dentro de escolas, universidades, as famílias... Quando digo "famílias", não são apenas pai, mãe e filhos. Família são pessoas que convivem em um mesmo ambiente e o compartilham. São pessoas que se respeitam e se cuidam, que compartilham alimentos, sonhos e realidades. Hoje, necessariamente, não são o mesmo pai, a mesma mãe com a mesma criança. Atualmente, a família monocelular, com pai biológico, mãe biológica e filhos biológicos, está ficando rara. Casamentos terminam, pessoas se casam novamente. A criança nem sempre convive com o pai biológico e algumas nem mesmo com a mãe biológica. Há adoções e amigos ou parentes que, temporariamente – alguns, para sempre –, se tornam os responsáveis pelos mais jovens. Muitas mulheres se tornaram as provedoras. As funções e os deveres se modificaram e estão se modificando. Talvez nem tenham mudado tanto, mas tornaram-se mais transparentes e públicos. Portanto, todo o conceito de família, de posições dentro dela, das empresas e das escolas precisa ser revisado, para melhorar a maneira de estar e de conviver no mundo.

A minha pergunta, então, também é esta: como é que pais, que foram criados nesta comunidade, nesta sociedade

A proposta de uma cultura de paz é de uma revolução muito grande, uma grande transformação individual e social.

violenta, agressiva, medrosa, podem transmitir o não medo para os filhos, se não vivenciam ou não vivenciaram isso? Como podem os professores – e aqui eu me refiro especialmente àqueles dos níveis mais elementares, que formam a estrutura básica de um ser humano e, portanto, deveriam ser os mais bem capacitados e mais bem remunerados e, no entanto, são os que têm salários inferiores e menos tempo para capacitação – ensinar o não medo? Se a mamãe, o papai, a vovó, o vovô, ou seja, quem cuida e o professor ou a professora dizem para uma criança: "Não tenha medo", mas estão eles próprios morrendo de medo, só podem transmitir o que sentem. E é isso que eles transmitem: o medo. Porque só se pode transmitir a própria realidade, a própria experiência, a própria emoção. Palavras tentam mascarar algo, mas não conseguem. Crianças e adolescentes são capazes de ler o corpo, o tom de voz, o que está sendo realmente comunicado e que nem sempre são as palavras.

Karnal – Venho de uma tradição germânica e religiosa, em que a ideia de disciplina é liberdade. Ou seja, quando disciplinamos o tempo, quando nos organizamos, produzimos liberdade de tempo e eficácia. Nessa lógica, se produzirmos bastante, não sentiremos medo porque teremos resultados. Não teremos medo da prova, porque estudamos muito. Não teremos medo da crise, porque guardamos muito dinheiro. Não teremos medo da doença até um limite, porque pagamos um bom plano de saúde e comemos aquilo que a medicina nos manda comer. É uma maneira de enfrentar o medo, embora me pareça que a nossa sociedade foi formada com um sentimento contrário a esse. Nós nos disciplinamos exatamente para não ter medo. Só que a cada nova instância, a cada novo patamar de segurança – e aí voltamos de certa forma ao budismo – surge uma nova necessidade. Se possuímos a nossa casa, na qual temos liberdade de ser, vamos precisar de segurança para essa casa. E, se temos essa segurança, será necessário trabalhar mais, porque ela vai demandar mais dinheiro. Se temos a saúde preservada pelo plano de saúde, alguma doença pode não estar prevista nele, de modo que vamos precisar de um plano que inclua mais um novo tipo de doença. Dentro dessa disciplina prussiana, penso que as pessoas são eficazes. E grande parte da tradição oriental em todos os campos, e também no budismo, é a disciplina do corpo, inclusive da percepção. O que é uma disciplina libertadora e não uma disciplina aprisionadora? O que faz com que os exercícios zen sejam libertadores, apesar de serem metódicos, sistemáticos e, muitas vezes, dolorosos? Monja, uma questão que me inquieta: o que vem a ser essa disciplina que liberta e não que aprisiona?

Monja Coen – A palavra *zen* vem da Índia antiga. É uma corruptela de *dhyana* ou *jhana*, a que os chineses, por onomatopeia, diziam *ch'an* e para a qual criaram um caractere que os japoneses chamam de zen. Nas práticas budistas, zen significa meditar. Só que meditar, em português, é um verbo transitivo e exige um objeto: "Medite sobre isso, medite sobre aquilo...". Até usamos essa expressão para crianças, como se fosse um processo educacional: "Você fez uma coisa errada. Vá meditar sobre o que você fez". Isso não é o que nós, budistas, fazemos. Zen não é meditar sobre algo, por isso evitamos a tradução. O sujeito é o objeto da ação. O eu com o próprio eu.

Sim, há disciplina, há rigor e, como você disse, há liberdade no zen. Quando aprendemos a dirigir um carro, temos de seguir certas regras – mudança de marchas, pedais etc. No início, parecem regras difíceis de serem seguidas. Depois de algum tempo, já nem pensamos mais nelas. Esse tipo de treinamento nos liberta, sim. Agora, quem quer apenas seguir as regras de forma rígida pode, inclusive, causar um acidente, pois não percebe o que está acontecendo à sua volta.

Há dor e desconfortos físicos e mentais. Mas é só depois de atravessar o turbilhão que nos entregamos às práticas meditativas e passamos a apreciá-las. Assim como podemos apreciar um passeio de carro em um local aprazível, depois de atravessar o trânsito de uma sexta-feira chuvosa em São Paulo.

A posição que preconizamos como a melhor de todas para nos sentarmos em *zazen* é chamada de lótus completa. O pé direito fica sobre a coxa esquerda e o pé esquerdo, sobre a coxa direita. Para quem não tem muita flexibilidade, é quase impossível. Mesmo pessoas que conseguem colocar as pernas assim, entrecruzadas, podem ter a sensação de desconforto físico, quando essa posição é mantida por mais de meia hora ou por várias meias horas intervaladas por dez minutos caminhando lentamente. O desconforto físico talvez aumente e se torne o único pensamento, assim pode ser reconhecido como um mestre, um auxiliar no processo meditativo. Não há possibilidades de fugir do presente. A mente não consegue divagar quando há dor física. Nós não conseguimos adormecer com o desconforto. Assim, aprendemos a lidar com a dor física. É quase como se você se torturasse um pouco. No começo, não dói nada. Nós nos sentamos por 40 ou 45 minutos e não sentimos dor. Mas, em um retiro de três dias, ou de sete dias, é diferente. A partir do segundo dia, a posição pode provocar muita dor. Por mais que façamos meditação diariamente, nunca ficamos 16 horas por dia em meditação, a não ser durante esses retiros. E nos retiros é que nos transformamos. É no calor, no fogo, que se forja uma espada, por exemplo. E não é apenas a posição de lótus completa que causa o desconforto. O mesmo aconteceria se ficássemos sentados durante 16 horas em uma cadeira ou em uma poltrona confortável. A diferença é que, no zen-budismo, mantemos a disciplina e não nos mexemos, mesmo que tenhamos vontade de fazer isso. Temos um compromisso com nós mesmos e com o grupo no qual estamos envolvidos. E, para nós, o grupo é muito importante. Não se trata de meditar sozinho, mas sim com o grupo, porque ele nos estimula e nos fortalece. Sentamos, então, em uma posição que não é muito confortável, primeiramente para não dormir e, em segundo lugar, porque ela favorece a circulação sanguínea, evita formigamentos nas pernas, evita dores nas costas e, principalmente, porque precisamos estar acordados, despertos, observando em profundidade todos os pensamentos e os não pensamentos, permitindo conhecer a nós mesmos em grande intimidade.

Há pessoas que não compreendem o que são as práticas zen-budistas e as práticas japonesas. Algumas pessoas chegam até mim, no templo, pensando que ali vão passar por um retiro de descanso, que haverá música e que elas vão relaxar. Não. Não é para relaxar que praticamos *zazen*; é para incomodar, para sair da área de conforto físico e mental. É para incomodar a mente. É para incomodar a sua maneira de pensar e de ser no mundo. Para incomodar o corpo não a ponto de uma dor excessiva, que machuque, mas que não permita adormecer ou ficar sonhando, divagando, "viajando". Para que se vá além do próprio corpo. "Abandonar corpo e mente" foi a frase com a qual o **mestre Eihei Dogen**, alguém de quem gosto muito, fundador da Ordem Soto Shu no Japão, à qual pertenço, despertou no século XIII. Sem nos preocuparmos com o corpo nem ficarmos atrelados à mente, podemos acessar a tranquilidade da presença absoluta. Estar apenas sentados, inspirando e expirando conscientemente. E tudo o que possa passar pelo corpo e pela mente são aspectos apenas passageiros. Nada fixo, nada permanente. Não é apenas uma pose, uma posição; é preciso que se torne uma postura. A postura correta pode ser até mesmo sentada em uma cadeira ou, para pessoas adoentadas, deitada. A postura de meditação é aquela na qual o dentro e o fora se encontram e se reencontram, de forma que se tornam um. Essa postura correta inclui sentar-se sobre os ísquios – ossos debaixo da bacia –, alongar a coluna vertebral, colocar os ombros para trás e para baixo, de forma que o diafragma possa livremente se mover e a respiração fique mais leve e profunda. A cabeça deve se encaixar na cervical de maneira que o queixo fique paralelo ao chão e, assim, o corpo todo entra em um estado linear de equilíbrio.

Nos retiros e nos templos, quando praticamos *zazen*, há uma pessoa que toca um sino para marcar os períodos de intervalo e os períodos de meditação. Há momentos em que estamos aparentemente meditando, mas estamos apenas aguardando o toque do sino. E o sino não toca! Um minuto parece uma eternidade. Podemos apreender, então, outro aspecto importante: o que é o tempo? Quando ele é prazeroso, parece passar muito rápido. Quando é desagradável, parece infinito.

Tudo isso não são apenas palavras, conceitos. É uma experiência real. E, quando nos levantamos para caminhar por alguns instantes, todo o desconforto se vai e percebemos a impermanência, não como conceito; nós a experimentamos através do corpo e da mente – nada é fixo nem permanente. Conforme continuamos a nos sentar e deixamos de lutar contra a dor e contra o tempo, nos tornamos a dor e nos tornamos o tempo. Há uma mudança, uma transformação profunda e sutil. O tempo não está separado de nós. Mas só nos damos conta disso, geralmente, depois do terceiro dia. Nos dois primeiros dias, normalmente brigamos com alguns pensamentos, como: "Eu poderia estar em outro lugar. O que estou fazendo aqui? Há tantas coisas importantes para fazer e eu estou aqui, sentado, olhando para uma parede branca... Estou olhando para uma parede e nada está acontecendo". No início de um retiro, pode até ser agradável ficar em silêncio, observar os turbilhões mentais e o desconforto físico; depois, não mais. E o sino não toca! Quando toca, surge o seguinte pensamento: "Vou embora daqui, são todos masoquistas! Não vou me juntar a esse grupo nunca mais". Entretanto, caminhamos alguns passos, em plena atenção, e permanecemos. Na fila indiana da meditação, voltamos a nos sentar. Mantemos a disciplina. Ficamos ali porque nos propusemos a ficar. Isso é disciplina, é autocontrole. Nosso corpo e nossa mente nos obedecem. E quando paramos de brigar com o que está acontecendo, com o nosso corpo e a nossa mente, quando nos entregamos depois de alguns dias, algo meio mágico acontece.

Nossa mente é muito poderosa. **Buda** dizia que a mente humana deve ser mais temida que cobras venenosas e assaltantes vingadores. A nossa própria mente! Não a mente de outras pessoas. No momento em que decidimos e pensamos: "Agora vou levá-la para um estado superior de consciência", a mente nos desafia: "Haha! Quero ver". E ela fará de tudo para

Buda dizia que a mente humana deve ser mais temida que cobras venenosas e assaltantes vingadores.

que não cheguemos lá. Virão todos os pensamentos, todas as provocações possíveis para não acessarmos esse lugar. Por isso, oferecemos a essa parte da consciência – o que talvez **Freud** chamasse de ego – alguma atividade, como contar de um a dez, contar as expirações, por exemplo. Contar significa pensar em um número, da maneira que quiser. Deixamos parte da mente ocupada com a contagem para que possamos nos libertar da consciência lógica, dualista, questionadora, daquele pensar: "O que estou fazendo aqui? Queria estar fazendo outra coisa. Tenho inúmeros compromissos, contas para pagar, relacionamentos para ajustar...". Se quisermos, simplesmente, impedir esses pensamentos, ordenando para a mente que "pare de pensar", não vamos conseguir. Mas se deixarmos os pensamentos em outro plano, como um ruído que possa existir, mas no qual não prestamos atenção, poderemos atingir outros níveis de consciência. Para isso, é necessário ter muita disciplina. E como gosto da disciplina monástica, me tornei monja.

A disciplina, portanto, pode ser libertadora. Moro no templo, e quando estou em retiro, para mim, é muito agradável. Fazemos uma programação de cada minuto do dia e da noite, e isso me liberta. Não preciso fazer escolhas. Já foi escolhido. Por exemplo, não preciso pensar no que vou comer, em quando vou comer... Todo o retiro, cada período de meditação, cada atividade está devidamente regulamentada. Evitamos conversar, olhar uns para os outros, não lemos nem mesmo livros budistas. Lemos a nós mesmos. Essa disciplina facilita a meditação. O corpo se realinha. Se alguém estiver com alguma dor nas costas, ou alguma dor no ombro, no processo de vários dias de meditação, o corpo encontra naturalmente o seu estado de equilíbrio. E a mente também. Ela se aquieta por si só. Não se pode ordenar: "Fique quieta". Ela não ficará. Mas, no momento em que penetramos o silêncio e começamos a observar os espaços entre os pensamentos, em vez de observar os pensamentos, passamos a fluir com o fluir do cosmos. Nós nos conectamos a tudo e a todos, nada atrapalha. Não há nada que perturbe ou atrapalhe porque tudo faz parte daquele instante. Esse é o processo de uma prática meditativa. Mas é preciso ter disciplina. Muitas pessoas, principalmente ocidentais, se recusam a obedecer às regras, porque entendem que devem ser livres, na forma como imaginam a liberdade. Elas não querem se submeter a uma ordem, não querem ficar sentadas o tempo necessário, estipulado por séculos de experiências. Essas pessoas, geralmente, têm muita dificuldade de acessar aquilo que nós entendemos como "o nível mais profundo da consciência". Ou os níveis mais sutis, que nos pertencem e que estão à nossa disposição, desde que haja estímulo, desde que haja prática. Digo que o despertar é nosso direito e dever de nascença. A nossa condição humana nos permite acessar algo que o cachorrinho[*] e o passarinho[**] não acessam. Nós,

---

[*] Nesse momento, um cãozinho latia. (N.E.)
[**] Pássaros cantavam nas árvores próximas e um deles se aproximou da janela. (N.E.)

humanos, podemos acessar diferentes níveis de compreensão e reflexão sobre nós mesmos e sobre a vida-morte – tanto por meio da filosofia, do questionamento racional, quanto por sua origem. Pergunto: de onde surge a filosofia? De onde vem o pensamento filosófico? De onde vêm os questionamentos que tornam a nossa vida mais saborosa?

"Essa maneira de pensar também existe"

Karnal – É curioso como para algumas correntes de pensamento, como a agostiniana, a liberdade também é fazer o que não se quer. Fazer o que se quer é o conceito hedonista ou infantil de liberdade. Fazer o que não se quer é o exercício maior de dizer à nossa vontade que ela tem um desejo, mas que não vamos atendê-lo. Então, talvez estranhe um pouco ao ocidental como eu, quando alguém fala: "Eu digo à minha mente", pressupondo que a mente esteja separada do eu. Eu conheço a fórmula – "observar o observador" – mas não consigo me separar dos meus pensamentos. Eu sou os meus pensamentos. Existe um dualismo entre corpo e consciência/alma no Ocidente cristianizado. Há uma tradição de libertação de si, do seu próprio corpo pela disciplina, por jejuns, penitências e outras medidas. Claro que a ideia de negar o prazer do corpo pode ser uma forma de limitar sua natureza e sua liberdade e que seguir os impulsos físicos e psíquicos integralmente também pode ser uma espécie de gaiola dourada que nos aprisiona. Mas o que significa chegar à tolerância, que o meu eu separe os

> **Fazer o que se quer é o conceito hedonista ou infantil de liberdade. Fazer o que não se quer é o exercício maior de dizer à nossa vontade que ela tem um desejo, mas que não vamos atendê-lo.**

pensamentos? Isto é, onde eu estou que não seja na consciência? O que significa observar o observador, de verdade?

Monja Coen – Quantos níveis de consciência existem? Para Buda, há vários níveis. Há as consciências relacionadas aos órgãos dos sentidos e seus objetos; há a consciência que gerencia tudo o que recebemos pelos sentidos; há a consciência que leva essa experiência para uma grande memória, também conhecida como um grande depósito, como são hoje as nuvens da memória dos computadores. Desse grande armazém de memórias, a consciência que levou até lá a nova experiência traz de volta uma resposta à consciência que gerencia as consciências dos órgãos dos sentidos. Assim, respondemos ao que está nos acontecendo. É muito, muito rápido. Não temos consciência de que isso está acontecendo, no dia a dia. O processo é incessante. Carrega em si memórias ancestrais e novas experiências. Respondemos ao mundo de acordo com o que foi trazido desse depositório. Mas podemos responder também a partir da percepção clara de que este momento atual é diferente dos anteriores, e podemos dar uma resposta rara, nem sempre a mesma, com aqueles 5% de livre-arbítrio de que nos fala a neurociência. Parece complicado, mas não é tanto assim. Algumas vezes, essa consciência que leva para o grande armazenador – o *alaya shiki* – e traz de lá mensagens confunde esse depósito como algo fixo e permanente. Entretanto, a grande diferença dos ensinamentos de Buda para outras tradições é que não há nada fixo nem permanente. Esse local de memórias infindáveis também está em movimento incessante, está em atividade e transformação. Nada fixo, nada permanente. Não há um eu fixo ou permanente. Não existe uma alma imortal, sempre a mesma, por exemplo. Em *zazen*, meditação sentada, podemos observar a formação dos nossos pensamentos. Algumas escolas dizem: "Você não é o pensamento, então, quem é você?". Mestre Eihei Dogen dizia, no século XIII: "Existe o pensar, o não pensar e além do pensar e não pensar".

Podemos observar nossos pensamentos e perceber que entre eles há um intervalo, que é o não pensar. O nosso pensamento, assim como a nossa fala, tem pausas. Do mesmo modo que a música tem pausas. As notas não são tocadas uma atrás da outra; há pequenos intervalos, que conferem significância e beleza. O mesmo acontece com os pensamentos. Se existem o pensar e o não pensar, quem percebe isso? Nós nos colocamos nesse outro lugar, que é uma das consciências, que somos nós. O eu observa o próprio eu, mas não é como se a mente estivesse separada do corpo. Não. É corpo-mente em harmonia desenvolvendo a capacidade de reconhecer pensamentos, memórias, sensações, percepções, conexões neurais, consciências. Somos esse todo que também tem a capacidade de observar o pensar sem estar pensando o pensamento transitório, que nunca cessa, mas pode ficar em segundo plano. O 14º **dalai-lama** diz uma frase de que gosto muito: "A mente é incessante e luminosa". Não podemos querer parar a mente. Essa é outra bobagem que falam sobre o zen, sobre a meditação. Cessar a mente é morte encefálica, algo que eu espero que ninguém queira fazer deliberadamente. Podemos perceber as oscilações da mente, podemos reconhecer nossas emoções. Podemos observar nossa mente em profundidade e saber: "Estou tendo essa emoção, essa sensação agora. Esse aspecto também faz parte de mim. O que faço com isso? Para que serve?". Percebemos que podemos decidir como agir e não apenas reagir – essa é a grande diferença. Não é apenas um observar vazio do observador, mas atuante e transformador, para o que os ensinamentos nos servem de apoio. A isso, chamamos de liberdade. Aqui, também concordo com **santo Agostinho**, quando diz: "A liberdade é poder fazer até mesmo o que não quero fazer, o que eu não gostaria de fazer. Mas escolho fazer". Eu escolho me sentar em meditação, mesmo que não seja muito agradável. Mas *eu* escolho esse caminho. *Eu* escolhi o caminho da vida monástica, que não é muito fácil. Quem nunca entrou em um mosteiro tem a impressão de que ali são todos anjos, santos se cuidando com muito carinho. Mas são seres humanos. Quando cheguei ao mosteiro, a primeira coisa que minha superiora disse foi: "Você pensa que somos todos seres iluminados? Não se esqueça de que aqui somos seres humanos. Somos como pedrinhas, que colocamos dentro de uma jarra, para depois fechá-la e sacudir. As pontas vão se bater umas nas outras e provocar bastante dor. Mas quem conseguir ficar redondinho primeiro, não mais fere nem será ferido".

Talvez, aí, esteja o conceito de tolerância: aquilo que não me fere e que não me faz ferir ninguém. É preciso tolerar alguém que tenha outra forma de pensar, de comer... Mas não se trata de tolerar a outra pessoa como toleramos um remédio amargo e desagradável, apenas porque ele traz a cura. Para mim, devemos compreender e respeitar o outro, o que considero um passo a mais do que tolerar.

Agora, estão brigando comigo por não ser vegana. Desde que, por acaso, em um programa de rádio, confessei que como carne, tenho vários *dislikes* e algumas pessoas que me amavam já me odeiam, pois "como assim a monja não é vegana?". Passei a ser vista por elas com repugnância, asco, como alguém cujo pensamento é impuro e de quem, portanto, não se deve aproximar. Aí está a intolerância. Você mesmo, tão amado e querido, experimentou isso depois de tomar vinho com o juiz **Sérgio Moro**. Muitos criticaram: "Como pôde fazer isso?". Como se você não prestasse mais...

Karnal – Mas não comi carne...

Monja Coen – Não comeu... Pronto, salvo!

Karnal – Vamos para infernos distintos... Eu, para o inferno dos juízes; a senhora, para o inferno dos carnívoros! [*Risos*] Sim, sei como as pessoas projetam todas as suas dores no julgamento dos outros. O procedimento mais rápido e eficaz para impedir uma reflexão crítica sobre mim é apontar os defeitos dos outros. Localizar o mal no outro é uma panaceia universal. Claro que o outro pode estar errado e existem críticas ponderadas e necessárias. Porém, é frequente que o outro seja sempre esse espelho do que eu desejo, do que eu temo e da violência em mim.

Monja Coen – Há pessoas que não admitem que o outro não seja como elas imaginaram. Os meninos do Estado Islâmico, por exemplo. São jovens tão bonitos, não é? Mas que insatisfação é essa que os leva a torturar e a matar aqueles que não pensam como eles? Que não vivem da maneira que eles vivem? Que não têm os mesmos objetivos de vida? E esses meninos querem que mais pessoas se juntem a eles, na sua tradição espiritual, no seu grupo revolucionário terrorista, porque acreditam que ali está o caminho da verdade e do bem. Eles não se julgam pessoas más. Você pode falar sobre isso melhor do que eu, mas imagino que **Hitler** também se considerava um homem muito bom. Ele acreditava que estava purificando a raça e salvando a Alemanha. O princípio pelo qual ele se orientava não era: "Eu sou um homem mau e vou fazer maldades ao meu povo", mas sim: "Eu vou salvar o meu povo". Os pensamentos tortos que acontecem na mente humana geralmente vêm mascarados de uma boa intenção: "Eu sou uma pessoa boa e quero o bem para os outros. Eu sou uma pessoa boa que quer o bem do boi, da natureza, do meio ambiente e, por isso, acho que ninguém deve comer carne.

Porque tenho pena dos bichinhos e a carne está prejudicando o planeta, o meio ambiente e a digestão dos seres humanos". Isso funciona em níveis muito sutis e diferentes.

Karnal – O bem é muito forte como justificativa para as questões. Em nome do bem, quase todos fazemos o mal. Até o fim, até o seu suicídio a 30 de abril de 1945, Hitler agiu dentro da sua maneira de ver, acreditando que estava salvando a Alemanha, melhorando o mundo. Mas isso, como sabemos, custou a vida de mais de 50 milhões de pessoas, sendo 6 milhões de judeus. Portanto, o bem, tomado dessa forma, mata muito. A busca do bem, os homens de bem escondem dores, ressentimentos e ódios muito profundos.

Talvez a forma mais perversa de violência autoritária esteja na imposição do bem sobre todos, na postura de interferir com todos em nome de princípios elevados. Quase todos os grandes ditadores da história fizeram barbaridades em nome de uma melhoria nacional, de punir os desviados e eliminar os obstáculos à plena felicidade nacional.

Outro elemento muito forte hoje é aquele psicologizante. Se alguém não pensa como nós, logo, deve ser um psicopata.

> **Localizar o mal no outro é uma panaceia universal. Claro que o outro pode estar errado e existem críticas ponderadas e necessárias. Porém, é frequente que o outro seja sempre esse espelho do que eu desejo, do que eu temo e da violência em mim.**

Diz-se para ele: "Você é louco! Como pode enxergar as coisas dessa maneira? Como pode não pensar do mesmo modo que eu?". Há, dessa maneira, pessoas que não apenas encarnam o bem, obviamente, sempre com elas, como também, nesse caso, a racionalidade possível. Quem não concorda com elas, além de mau, com "u", a encarnação também do mal, com "l", é ainda um psicopata. Julgam, portanto: "Você é louco, deve ter uma deficiência mental. Vá se tratar". Todas essas recomendações escondem a seguinte frase: "Seja igual a mim. Porque essa é a única maneira que eu concebo".

Monja Coen – Perceber quando começamos a ficar intolerantes com alguém, com alguma situação e sermos capazes de nos modificar, de sair desse modelo intolerante não é fácil. Assim como perceber que outro ser humano, em certo momento, só pode se manifestar de uma determinada maneira, embora saibamos que isso também não é fixo nem permanente. Não temos que convencer o outro do nosso ponto de vista. Podemos apresentar a nossa opinião ao outro, mas não precisamos convencê-lo ou obrigá-lo a pensar como pensamos. Gostava muito de um professor que tive, que me ensinou durante anos no mosteiro de Nagoia, e que fez para mim o que chamamos de transmissão do *Darma*,[*] ou seja, me autenticou

---

[*] No budismo, *Darma*, com a letra inicial maiúscula, significa a lei verdadeira, aquilo que rege a vida no universo, e *darma*, com a letra inicial minúscula, se

como professora da nossa ordem monástica Soto Shu. Algumas vezes, quando percebia que o ponto de vista do outro era fechado e impossível de chegar a um denominador comum, ele simplesmente concluía: "Essa maneira de pensar também existe. Eu nunca pensaria dessa forma. Que interessante, como a mente humana pode pensar de formas diferentes".

Existem momentos, portanto, em que podemos dialogar e tentar chegar a um pensamento comum, e outros em que isso não é possível, quando devemos apenas aceitar que há maneiras de pensar muito diferentes. Para mim, é aí que entra a tolerância. E como falei antes, mais do que tolerar, é preciso compreender e respeitar.

---

refere ao relativo, a tudo o que existe, por exemplo: *darma* livro, *darma* pessoa, *darma* nuvem etc. (N.E.)

Tolerância e limite

Karnal – Tolerância é um dos eixos de uma cultura de paz. Infelizmente, nas línguas ocidentais, é uma palavra com significado ruim, negativo. "Tolerar" é sofrer resignadamente. Nós dizemos hoje, especialmente em educação para os direitos humanos, que existe a intolerância prevista e punida na lei e condenada pela ética. Mas existe uma forma intermediária, que é a intolerância passiva, por exemplo, quando alguém diz: "Não tenho nada contra homossexuais desde que não se sentem ao meu lado" ou "Não me irrita haver motoristas mulheres, desde que eu não entre no carro delas". Isso é intolerância passiva, que é uma forma envergonhada de intolerância. Quando falamos de tolerância ativa, dizemos de uma capacidade de afirmar que a diferença não é negativa; ela é positiva e faz o todo. Ou seja, que felizmente o outro é distinto de mim, e isso me torna melhor porque diversifica, me desafia e me impulsiona. Assim, é importante entender que a diferença mexe com o meu eu e o traz à tona. E a tolerância é o exercício de entender, como diria o seu mestre, que essa é uma outra forma de pensar. Mas isso leva à seguinte questão: qual é o limite desse relativismo? Por exemplo, se alguém bate em uma criança, não posso simplesmente aceitar que essa é uma forma de agir, apesar de não concordar com isso. Qual é o limite, então? Eu costumo dizer que são a ética e a lei. Eu, Leandro, posso pensar – como, de fato, penso – que coentro é um veneno, um dos males da humanidade. Costumo brincar que Deus inventou a salsa e o demônio, invejoso, o coentro. Mas essa é uma opinião não só subjetiva como irrelevante. O que penso do coentro não muda o fato de que uma parte expressiva dos mexicanos, dos tailandeses, dos capixabas e tantos outros faça uma cozinha maravilhosa com coentro. Ou seja, minha opinião é irrelevante. Mas onde entra a relevância? No caso de um homem que agride uma criança, há um risco de vida. Eu devo tentar convencê-lo a parar? Devo ser violento para que ele não seja violento com uma criança? Nessa situação, a minha violência se justificaria para impedir um mal maior? Qual é o limite da tolerância e do relativismo, Monja?

Monja Coen – Como não ser violento com a violência? Outro dia, uma senhora veio me contar que estava andando pela rua e ficou muito brava ao ver uma mãe tratando o filho de maneira indevida. Perguntei: "Por que você ficou brava? Por que você não foi até ela e disse: 'Está tudo bem com você? O que está acontecendo?'. Por que você não entrou em contato de forma não violenta com esse ser humano que estava sendo violento? Por que você não ofereceu ajuda para essa mãe entrar em um estado de equilíbrio? Por que não chamou alguém?". Não interceder, omitir-se também são formas de violência. Gosto de que ainda haja polícia no mundo, policiais que possam fazer coisas que não quero fazer, como ir atrás de bandidos.

Posso, então, chamar esses profissionais que são, de certa forma, treinados e especializados para impedir que as pessoas – crianças e idosos, homens e mulheres – sejam massacradas. Ou posso tentar interferir me aproximando, mas não com violência. Porque a violência, a raiva, elas se transmitem, são contagiosas. Se uma pessoa está com raiva e começa a falar brava conosco, de repente nós começamos a falar assim também. Quando vemos alguém com raiva, ficamos com raiva da raiva do outro, em vez de tentarmos entender: "Por que será que esse ser humano está se manifestando de uma forma tão prejudicial para si e para o outro?". É preciso estar muito bem centrado, estabilizado para lidar com a situação dessa maneira. E é preciso interferir.

Não podemos deixar que algo vá em uma direção que já sabemos que não será benéfica. O nazista tem direito a ser nazista? Sim e não.

Um exemplo: voltou-se a falar na publicação dos livros do Terceiro Reich. Queremos que esse pensamento se desenvolva novamente? Não podemos esconder que ele existiu. Não podemos esconder a catástrofe a que leva o pensamento da discriminação, do preconceito, de excluir o diferente. Por isso, há coisas que precisamos, realmente, cercear. Não podemos deixar que algo vá em uma direção que já sabemos que não será benéfica. O nazista tem direito a ser nazista? Sim e não.

Sim, ele pode manifestar certas tendências que foram aprendidas e recebidas de outras pessoas, livros, filmes. Ele pode se identificar com aquilo.

Não. Ele não tem direito de ser nazista, de manifestar pensamentos nazistas. Nenhuma forma de discriminação preconceituosa deve ser tolerada. Ela precisa ser extirpada antes que detone toda uma civilização.

Não nascemos nazistas. Isso foi algo transmitido e que se espalhou. O ódio, o desejo de extinguir pessoas ou grupos foi e pode ser estimulado. Como a poeira, pensamentos perversos se espalham, se alastram, e se torna difícil, depois, controlá-los. Quando grupos de pessoas – que podem se tornar grandes grupos – com pensamentos nessa direção se juntam, nós temos uma ameaça à nossa espécie. E temos que tomar cuidado com tudo aquilo que ameaça a nossa espécie. Uma criança que é massacrada, que apanha, pode se tornar um ser humano com algumas deficiências e necessidades muito específicas. Alguns traumas... Mas podemos evitar isso. Não devemos aceitar tudo, não podemos aceitar qualquer maneira de ser e de pensar. Não. Nós podemos compreender que existam pessoas que façam discriminação de gênero, discriminação entre mulheres e homens, discriminação por cor de pele, tipo de nariz, de olhos, por culturas, hábitos regionais. Podemos compreender, mas não permitir que isso se manifeste, que se alastre. Essa maneira de pensar existe, no entanto, não é o pensamento correto. Como fazer essas pessoas perceberem que elas podem aumentar o seu canal de percepção? Como educar para que saiam desse pensamento pequeno, mesquinho, tolo, inferior? Como incentivar essas pessoas a mudar, a entrar em contato com o outro e a reconhecer nele um aspecto de si mesmas? Somos uma só família, a humana. Somos todos diferentes e únicos. Devemos reconhecer as singularidades e as diferenças, apreciar as inúmeras manifestações, aceitá-las, mas sempre com limites; transgredi-las, em algumas situações, pode ser o mais adequado.

Acredito que a discriminação esteja muito ligada ao medo. No Japão, existem grandes discriminadores, coisas gravíssimas, algumas que surgiram até dos textos sagrados. O budismo mesmo surgiu na Índia, uma sociedade dividida em castas severamente reguladas e onde há grupos de seres humanos chamados de párias ou de intocáveis.* Há trechos de *Sutras*, textos sagrados, que relatam mais ou menos o seguinte: "Buda estava prestes a dar ensinamentos para uma grande assembleia. Essa assembleia era formada por seres celestiais, por seres humanos e não humanos". Na primeira vez em que li isso, pensei: "Bom, não humanos devem ser uma outra forma de vida". Depois, compreendi que os não humanos eram os intocáveis. Como podemos chamar um ser humano de não humano? Quando alguém comete um crime hediondo, chamamos essa pessoa de não humana? Não, ela é humana. Nós, humanos, podemos fazer qualquer coisa. Os crimes mais horrorosos da humanidade foram cometidos por seres humanos

---

* Designação dada aos *dalits*, que não pertencem a nenhuma das quatro castas do hinduísmo e, portanto, ocupam a posição mais baixa nessa hierarquia. (N.E.)

contra seres humanos e contra a natureza, da qual depende a vida humana. Por isso, acredito firmemente que precisamos conhecer a nós mesmos, conhecer a nossa mente, verificar nossa capacidade de atuação no mundo e fazer escolhas – escolhas que considerem todas as formas de vida como a nossa própria vida. Mesmo que a possibilidade de escolha seja de apenas 5%, ela existe e deve ser utilizada.

Karnal – Como já dissemos, quase todo o mal do mundo, quase toda a cultura de guerra, de violência, de racismo, de misoginia é feita em nome do bem. É muito raro encontrar pessoas que assumam que fizeram algo em nome do ódio ou da raiva. Mas sempre o ódio e a raiva se transformam em auxílio, caridade, bons costumes, sociedade sadia e outros nomes que disfarçam, para mim, do ponto de vista estritamente psicanalítico, a raiva que se possui. Se, então, o exemplo foi "alguém está batendo em uma criança", como sou contra a violência, minha aproximação deve ser muito tranquila para impedir o mal e desarmar o sistema, a gramática e a prática da violência. Se eu chegar com violência reclamando da violência é porque a violência desse homem batendo em uma criança dialogou com a minha. E isso, se espelhando na minha, me irritou. Porque ele fez o que eu gostaria de fazer, mas não faço, e me revelou para as pessoas. Por isso, então, a minha raiva. Quando condenamos o hábito alimentar de alguém, o tipo de roupa que ele veste ou a ausência de trajes, estamos falando sobre algo que incomoda mais a nós mesmos do que qualquer outra coisa, e muito menos sobre o outro, sobre o bem ou sobre a caridade e assim por diante. Na tradição cristã, essa é uma denúncia frequente. A denúncia de Jesus sobre o farisaísmo* trata de parecer e não ser. São aqueles que pagam o dízimo da hortelã, da erva-doce e do cominho,** mas que não agem de acordo com a vontade de Deus. São aqueles que cumprem toda a lei formal, mas não são, de fato, convertidos à ideia de Deus. Ou, retomando uma expressão que usei em outra ocasião, são os que sabem tudo do catolicismo, ou do luteranismo, ou do presbiterianismo, mas que nada entenderam do cristianismo. Conhecem a teatralidade, a cena, apenas. São as pessoas que interpretam o budismo como uma imagem, um ambiente tranquilo, um mantra, um incenso e uma luz rebaixada. E não como um desafio enorme, doloroso de se vencer diariamente. Daí aquele seu exemplo, dos que buscam no mosteiro uma espécie de ofurô relaxante, onde se possa integrar a cenografia, ou seja, a cena.

Monja Coen – A minha família, no passado, possuía escravos. Mais tarde, um bisavô antiescravagista participou dos movimentos de libertação do povo que veio da África. Portanto, uma pessoa pode considerar, por ignorância, que negros são

---

* Uma das correntes doutrinárias do judaísmo, caracterizada pelo rigor formal e com crenças em vida após a morte e anjos, era o farisaísmo, distinto dos saduceus e essênios, por exemplo. (N.E.)
** Mateus 23:23. (N.E.)

seres inferiores e, assim sendo, devem servir e ser seus escravos. Ou ela pode mudar esse olhar e reconhecer a inteligência, a capacidade e a beleza dos filhos e filhas da mãe África. Meu avô, sobrinho-neto do bisavô antiescravagista, apreciava participar das rodas de cantos noturnos. As músicas, antigas e repetidas, varavam noite adentro: "O galo cantou, é para amanhecer. O galo cantou, é para amanhecer". E meu avô, pequeno, ficava à noite em volta da fogueira ouvindo o som repetitivo das pessoas que trabalhavam na fazenda do pai. Ficou amigo delas, era parte do grupo. À época de seu nascimento, haviam lhe dado um escravo menininho, que cuidaria dele até a adolescência e seria seu grande companheiro. Anos depois, meu avô estava a cavalo na estrada e encontrou esse homem: "Nossa, você é o meu menino!". E o homem foi seguindo meu avô a pé, por léguas de distância. Meu avô, que já havia conversado com ele e juntos se emocionaram entre abraços, sorrisos e lágrimas, dizia: "Não precisa me seguir. Você está a pé. Preciso ir para longe. Vá para a sua casa". Mas o homem continuava a segui-lo. Meu avô desceu do cavalo e, mais uma vez, conversaram por horas. O tempo desaparecera. Tanta coisa havia acontecido. Recriaram um afeto antigo. É esse encontro, esse afeto que pode tornar as pessoas capazes de derrubar as barreiras que separam os seres vivos. Caso contrário, armam-se e constroem muros: "Aquela pessoa é estranha, ela é diferente de mim. Não vou me aproximar dela porque não deve ter a mesma sensibilidade que eu". Como não teria? É um ser humano! Precisamos romper essas barreiras para poder chegar a pessoas, que, como nós, também foram educadas com barreiras de medo. Todas as sociedades, mesmo aquelas que parecem mais corretas e perfeitas, carregam em si certos estigmas. No Japão, os religiosos – carma meu também, porque entrei nessa linhagem – escreviam de forma errada o nome das pessoas que pertenciam a castas inferiores e não sabiam ler nem escrever. Eles faziam isso porque, assim, qualquer um que visse saberia quem vinha de uma casta inferior e que, portanto, não poderia ocupar determinados cargos em uma empresa, por exemplo, ou se casar com pessoas que fossem de outras classes sociais. Isso existe até hoje. Não desapareceu. Há guetos onde moram jovens que depois se suicidam porque não são incluídos na sociedade. Como não nasci no Japão e, portanto, não tinha esse preconceito, o grande treinamento que fiz ali, como parte da minha formatura monástica, consistiu exatamente em ir com monges japoneses – filhos da discriminação – a esses guetos, comer e beber com aquelas pessoas, conversar e brincar com elas. Porque era a única maneira de romper com a discriminação e o preconceito dos meus colegas e das minhas colegas de hábito. E, ali, eu estava com monges e monjas japonesas que cresceram ouvindo e repetindo frases discriminatórias: "aquelas pessoas", "os outros que moram lá", "os de *quatro*", como se fossem animais, bichos que andam de quatro; não eram considerados humanos. Esse rompimento foi difícil. E só se rompe por meio do contato, do diálogo, da conversa. Há quem não se disponibilize à aproximação, ao diálogo. É lamentável.

Por isso, a grande questão no mundo é: como romper com as discriminações preconceituosas?

Dia desses, um supermercado na Alemanha retirou todos os produtos que não eram alemães das prateleiras. O supermercado ficou vazio!* Foi um meio hábil de fazer com que as pessoas percebessem que estamos todos interligados por produtos internacionais. Nós, humanos, nos dividimos por línguas, culturas, rios, fronteiras, países, mas o passarinho está levando as sementes de um lugar para outro. Os insetos, os vírus desconhecem passaportes e fronteiras humanas. Desde que os astronautas saíram da Terra e puderam ver o nosso planetinha, a percepção humana deu um salto quântico – somos um só planeta. Não sei exatamente por que alguns não querem difundir essa expansão de consciência. Pois está tudo interligado. Essa visão de interconexão é o ensinamento básico de budismo: tudo o que existe é o cossurgir interdependente e simultâneo. Nada existe por si só. Nós somos a vida que surge, cossurge, em interdependência e simultaneidade. O que nos dá lucidez e clareza, para saber quais são os limites, é o que podemos chamar de despertar.

Karnal – Vejo duas maneiras de atacar o racismo, que é um tema ao qual me dedico muito. A primeira delas é atacar o racismo porque ele é negativo, porque prende a vítima, mas

---

* Campanha realizada por uma rede de supermercados alemã, em agosto de 2017, para discutir questões como racismo e xenofobia. (N.E.)

também prende o agressor a um discurso de ódio. A outra é atacar o racismo porque dá muita raiva que alguém expresse aquilo que, no fundo, possamos sentir. Talvez, esse segundo grupo seja menos sincero que o racista direto, porque está combatendo a si no outro. É muito difícil fazer essa distinção. E aí voltamos ao medo. Quase sempre se esconde o medo de si, do que se sente, do que se quer. Em geral, o budismo indica que, quando há apego, há dor. E, nesse caso, o apego a esse ódio, à dor que deriva disso, é uma forma de se distinguir, é a busca de identidade. Estabelecer quem é intolerante, ou quem não é da nossa cultura de paz, é uma maneira muito simpática, muito bonita de dizer que nós é que somos corretos, que o bem está conosco. O reconhecimento doloroso, ao observarmos um agressor, é que ele está fazendo algo que também temos vontade de fazer. E é por isso que aquilo está dialogando conosco, que estamos com raiva. Se temos dentro de nós uma personalidade agressiva; se o outro tem personalidade agressiva e está nos agredindo, a raiva que sentimos disfarça o fato de que também somos agressores. É muito complicado, tanto na psicanálise quanto na percepção da consciência, entender que se algo lhe causou raiva, há uma pista enorme de que o problema não está naquilo que o outro está dizendo, mas em você mesmo. A tolerância é uma dificuldade porque ela mexe

O reconhecimento doloroso, ao observarmos um agressor, é que ele está fazendo algo que também temos vontade de fazer.

com as nossas próprias convicções – a homofobia, a misoginia, o racismo e a ojeriza aos pobres ou aos excluídos, que foi tocada na sua fala sobre os *dalits*, por exemplo. O *dalit* tem um outro drama específico. Qualquer excluído no Japão, ou na Índia, ou na nossa sociedade, precisa aceitar a exclusão. Ele precisa entrar nessa gramática da exclusão e fazer parte dela. E aí vem um outro elemento muito forte na questão da luta pela justiça social: se ela nasce pela vontade de uma crença na igualdade absoluta humana ou se ela nasce do nosso ressentimento. Ou seja, somos contra a exploração dos ricos porque somos pobres e gostaríamos de ser ricos? Disse uma vez Paulo Freire: "Quando a educação não é libertadora, o sonho do oprimido é tornar-se opressor e substituir aquela dor e apenas pensar que o chicote é ruim porque não estou com o cabo dele na minha mão. Se estivesse na minha mão, eu estaria feliz". É o caso do *dalit* que quer ser brâmane[*] e do miserável que ataca a exploração de um suposto patrão rico porque ele gostaria de ser o opressor. Por detrás da luta por justiça, com frequência, existe uma luta pelos nossos medos, pela nossa vontade de ser opressão, e assim voltamos à cultura do medo que iniciou este livro. Uma cultura de paz é uma cultura de tolerância ativa, mas também é, acima de tudo, uma cultura de conhecimento de si.

Monja Coen – Exatamente.

---

[*] Membro da mais alta casta hindu, tradicionalmente reservada ao sacerdócio. (N.E.)

Cultura de paz na prática

Karnal – Em termos de legislação, discurso público e avanço jurídico, vivemos uma era de ouro na luta contra a intolerância. Desde 1988, temos no Brasil um dispositivo constitucional que torna o racismo um crime inafiançável. Nós temos a lei Maria da Penha e delegacias da mulher, que colocam em foco a violência histórica contra o sexo feminino. Nós temos um Estatuto da Criança e do Adolescente e um Estatuto do Idoso que revolucionaram a maneira jurídica de tratar dessas questões. Desenvolvemos uma sensibilidade pública expressa nos jornais, na televisão, nas rádios e nas redes sociais em que a violência contra crianças e idosos, o espancamento de mulheres, o racismo, o assédio sexual são condenados. Mas, curiosamente, parece que nunca batemos tanto em idosos, nunca assediamos tanto as mulheres e nunca tivemos tantas explosões de racismo. Como historiador, sempre considerei que a transformação humana é muito lenta. Há menos de 150 anos, a escravidão era legal. No tempo da história humana, considerando a revolução cognitiva há 70 mil anos, 150 anos é pouquíssimo tempo. As leis, portanto, mudaram. Mas entre a mudança das leis, entre séculos de patriarcalismo e décadas de pensamento feminista; entre séculos de racismo e décadas de pensamento antirracista, tudo acontece de forma muito lenta.

As leis consagram uma sociedade ideal e não a real. Ainda que justas e interessantes, elas mostram uma caminhada a seguir para uma cultura de paz.

Eu sou um otimista melancólico. Acredito que demos passos decisivos em direção a uma cultura de paz. Nós temos documentos fundamentais, como a Declaração Universal dos Direitos Humanos, de 1948. Nós temos uma Constituição que, nos seus artigos iniciais, estabelece a dignidade da pessoa humana, a democracia, a renúncia à guerra como instrumentos de litígio. Tudo isso é muito importante. Se, com a lei, nós ainda temos problemas, imagine se ela enunciasse, por exemplo, que as mulheres são inferiores? Aí nós teríamos um grande problema. Mas, ao mesmo tempo em que tudo isso ocorre, a exposição à diversidade no mundo mexeu com as pessoas. O fato de que agora exista um Dia Internacional da Mulher, 8 de março; um Dia do Orgulho LGBT, 28 de junho; um Dia da Consciência Negra, 20 de novembro, é um avanço enorme na questão da exposição e de uma cultura de fim da violência, mas mexe com os misóginos, com os homofóbicos e com os racistas. Um Dia da Consciência Negra, porém, com um eventual feriado, faz com que as pessoas mal resolvidas com essa questão sejam apresentadas de forma forte a ela.

> **A cultura de paz já está na maioria dos textos; ela ainda não está é na maioria dos corações.**

A cultura de paz já está na maioria dos textos; ela ainda não está é na maioria dos corações. Ela é um desejo jurídico, um ideal de civilização, uma projeção de comportamento. Mas ela ainda não é uma prática de todas as pessoas. Eu fui formado em uma escola com vários discursos e práticas típicos de uma época excludente. Brincávamos sobre os preconceitos e ninguém nos corrigia. E muitos professores reforçavam esses preconceitos. Portanto, dentro dos meus 5% de livre-arbítrio, acredito que dei passos enormes. E, na minha reflexão pessoal, descubro que há coisas que eu ainda preciso pensar. De vez em quando, sinto dentro de mim um intolerante assinando, que precisa ser observado e focado. Mas tenho observado que muitas pessoas estão criando orgulho da intolerância. Orgulho de uma capacidade de exclusão e, novamente, disfarçada nessa forma de "não bem". É assustador termos ainda em 2017 episódios como aqueles capitaneados pela Ku Klux Klan,[*] defendendo uma supremacia branca. Isso fere o meu narciso de achar que estou em uma época superior ao século XVI, por exemplo. Fere minha crença na espécie humana perceber que o mundo ainda é muito complicado para lidar com a diferença e para construir uma cultura de paz.

Monja Coen – É como se houvesse várias eras simultaneamente coincidindo no agora. Coisas pelas quais passamos na Idade Média ainda acontecem em alguns locais da atualidade, mas ao mesmo tempo há grupos de pessoas

---

[*] Organização extremista surgida no final do século XIX, nos Estados Unidos, com teor racista. (N.E.)

que, felizmente, já não pensam dessa maneira, que vivem de outra forma. Será bom o tempo em que nem as leis serão mais necessárias, porque vamos nos respeitar apenas por sermos humanos. Acredito que a competitividade dos nossos dias também está ligada a toda essa questão. Quando falamos, por exemplo, das cotas nas universidades, alguns podem pensar: "Mas estava tudo tão bem, com a elite branca entrando na faculdade! Agora, precisaremos lidar com outras classes, outras cores querendo as mesmas vagas a que só a nossa elite tinha direito?". Há, portanto, mais competidores agora. Ainda no problema das discriminações e dos preconceitos, antigamente só os homens guiavam os carros. Minha mãe foi uma das primeiras mulheres a ter carro em São Paulo. Diziam para ela: "Dona Maria, vá para a cozinha!". Imagine, uma mulher guiando carro? Hoje em dia, temos muitas mulheres dirigindo. Quando fui trabalhar no *Jornal da Tarde*, havia poucas mulheres repórteres. Agora, há muitas. Mas é preciso que alguém se atreva. As mudanças acontecem em razão daqueles que se atrevem a ser um pouco diferentes e a manifestar essa maneira de ser no mundo. Entretanto, o que temos feito com quem pensa de modo diferente de nós, com quem não concorda conosco? Atacamos no Facebook. Nós somos tão ditadores quanto um grande ditador. Nós excluímos aquela pessoa do nosso mundo. Eliminamos cabeças que não nos interessam e selecionamos as que queremos. Fazemos escolhas a todo momento. Há um poema zen antigo que inicia: "O Caminho não é difícil quando não se escolhe ou seleciona". Frase bem semelhante é a de que, sem apegos e sem aversões, a vida se torna mais leve, suave, assim como é. Entretanto, o "assim como é" não significa ser passivo. É perceber que tudo se transforma e que você é a transformação que quer no mundo, como dizia Mahatma Gandhi.

Precisamos escolher entre leveza e rigidez, entre bem-estar e mal-estar. Precisamos escolher do que nos alimentamos. A nossa mente é alimentada o tempo todo por conversas, diálogos, livros, programas a que assistimos. As escolhas são necessárias. O problema é quando as pessoas resolvem escolher aquilo que leva à guerra, que as leva, no exemplo da Ku Klux Klan, a colocar um capuz branco na cabeça e dizer que caucasianos são bons e que negros são maus e, portanto, devem ser espancados, eliminados. No caso do racista, eu imagino, de uma maneira bem simples e simplória, que o pensamento deve ser este: "Homens negros muito bonitos pelos quais as mulheres brancas estão se sentindo atraídas; preciso, então, destruí-los. Eles são modelos interessantes. E eu vi como a minha esposa olhou para aquele negro". Da mesma forma, a mulher que percebe que o marido se entusiasmou por aquela negra tão bonita que está trabalhando em casa. Portanto, vejo que existe uma questão de competitividade muito misturada com a ideia da discriminação e do preconceito. Faz parte do quadro. Não é o único elemento, mas é parte do quadro. Faz parte do quadro do local de trabalho, por exemplo, várias pessoas competindo pelo mesmo cargo. Imagine, então, pensar: "Elas são minhas inimigas! Elas não podem competir comigo. É um absurdo alguém que nasceu em uma classe muito pobre, que não teve boas condições de estudo, querer se arvorar a ter cargos superiores". Como se abrir, então, a outras possibilidades? Não é fácil. Como criar uma cultura de paz? Ela precisa estar manifesta em tudo.

Quando derrubaram as Torres Gêmeas, em Nova York, nós, um grupo de inter-religiosos, que há alguns anos nos encontrávamos com o propósito de manter um círculo de cooperação inter-religiosa em São Paulo, ligado a um grupo internacional chamado Iniciativa das Religiões Unidas (URI), conseguimos na Assembleia Legislativa de São Paulo criar algo muito interessante, chamado de Conselho Parlamentar pela Cultura da Paz, que foi bem bonito. Mas assim como surgiu, desapareceu em poucos anos. A convivência na Assembleia fez com que algumas pessoas passassem a usar, no conselho, a mesma linguagem e atitude dos políticos da casa e, pouco a pouco, nos distanciamos de nosso propósito. Houve quem se preocupasse com tantos religiosos em um conselho pertencente a um Estado laico. Mas não houve nenhum ato ilícito, nada que pudesse desabonar os membros do conselho e suas atividades. Em alguns momentos, o que deveria ser um diálogo envolvendo os representantes da casa e os membros do conselho foi se transformando em monólogos. Poucos deputados participavam, e membros do conselho, eu inclusive, foram se afastando. Teríamos de nos dedicar quase que exclusivamente a esse projeto para que funcionasse bem, e meu templo, minhas atividades religiosas zen foram ficando desatendidos. Precisei optar por não mais participar. Outros também o fizeram. Foi lamentável, mas ao mesmo tempo uma experiência interessante e válida. Nosso propósito era o de verificar se as leis que estavam sendo propostas iriam contribuir para a construção de uma cultura de não violência ativa. Ainda há uma longa caminhada no cultivo de relações menos violentas e mais ternas. Há grupos que se formam com esse propósito, além da própria legislação existente não só no Brasil, mas na ONU e em vários países. E há também educadores que levam essa discussão para as salas de aula, para as crianças, para os adolescentes, para as pessoas com quem convivem. Isso é uma dádiva. Eu tive a sorte de estudar em uma escola pública, o Instituto de Educação Caetano de Campos, na Praça da República, onde hoje é a Secretaria de Educação de São Paulo. Essa escola tinha o mais alto índice de educação da cidade. E havia ali crianças de todas as classes sociais. Havia uma menina com nanismo, outra deficiente visual, mais uma com síndrome de Down, e convivíamos naturalmente. Isso foi muito enriquecedor. Por isso, me assusta um pouco este momento em que estamos criando elites em escolas de elite. Nós estamos separando financeiramente o treinamento de crianças. Pelo menos, algumas dessas escolas de elite levam os alunos a fazer trabalhos voluntários nas áreas carentes da cidade, nas favelas, nas comunidades pobres, para que entrem em contato com outras realidades e conheçam pessoas que não têm carro, que não têm o último modelo de telefone celular... Esse contato é importante. Se quisermos criar uma cultura de paz e de tolerância, temos que colocar em contato pessoas que são de níveis sociais diferentes, para que possam estudar e brincar juntas, questionar-se juntas sobre soluções, tanto para suas áreas específicas quanto para as áreas coletivas. Se continuarmos a criar nichos de separação, estaremos mantendo uma discriminação classista, nunca chegaremos a uma cultura de paz. Porque algumas pessoas vão se sentir ameaçadas de perder os seus benefícios. É por isso que digo que o não medo é a libertação. Se sentimos medo de perder o que temos, é porque existe apego. Buda falava: "Sem apego e sem aversão, o caminho é fácil". Como fazer para não ter nem apego nem aversão, que são os dois grandes problemas da mente humana? Se nos apegamos àqueles que são parecidos conosco e formamos grupos, podemos sentir aversão aos que são diferentes de nós e talvez tenhamos o desejo de exterminá-los. Mas, se não tivermos nem apego nem aversão, poderemos lidar com pessoas muito diferentes com respeito e dignidade.

Se não tivermos nem apego nem aversão, poderemos lidar com pessoas muito diferentes com respeito e dignidade.

Karnal – Tanto o apego quanto a aversão são exercícios do eu. E, na verdade, não dizem respeito às pessoas, mas, na verdade, a nós mesmos. Mas eu quero voltar a uma parte prática da sua fala. A senhora expressou uma opinião na rádio absolutamente tranquila sobre seus hábitos alimentares e descobriu que as opiniões causam *haters*.* Um *hater* acessa suas redes sociais e começa a insultá-la. Eu tenho essa experiência há longa data... Um exemplo, tenho uma inserção na televisão e uma das coisas que fiz foi sintetizar em três minutos as grandes religiões do mundo. Fiz uma fala sobre o cristianismo, outra sobre o islamismo, também sobre o judaísmo e sobre o hinduísmo. Dezenas de pessoas acessaram minha página nas redes sociais e começaram a gritar, em caixa alta: "O BRASIL É UM PAÍS CRISTÃO. PARE DE FALAR DESSAS RELIGIÕES". E começaram também a escrever palavrões. Como, então, evitar de bloquear uma pessoa não porque ela de fato me ofenda, mas porque eu não quero ler palavrões carregados de uma raiva que é dela, exclusivamente dela? Não é minha. Como responder com uma cultura de paz a uma pessoa que o insulta, sendo que você não usou um palavrão, não desejou que ela morresse, mas ela sente isso? Isto é, como responder com paz permanente a esse ódio que a pessoa tem e que todos que estamos expostos à mídia já experimentamos?

Monja Coen – Eu posso imaginar que você receba muito mais *feedback* das coisas que faz do que eu. Mas, achei bem interessante o seguinte caso, que aconteceu depois daquela

---

*   Termo em inglês utilizado para designar "os que odeiam". (N.E.)

minha entrevista na rádio. Alguém me escreveu um *e-mail*, questionando: "Como uma pessoa que forma opiniões pode dar uma opinião como essa?". Ele me deu várias informações sobre por que ser vegano e eu apenas agradeci. Ele não me insultou, somente me deu informações. Agradeci e a conversa acabou ali. Levo em consideração as reflexões que essa pessoa fez. De tempos em tempos, me torno vegetariana, algumas vezes vegana e depois retorno a comer de tudo. Não levo essas situações de agressividade adiante, não luto, não discuto para defender um ponto de vista, porque o meu próprio olhar pode mudar a qualquer momento. Tudo é tão circunstancial. Entretanto, quando colocam palavras grosseiras, agressivas nas minhas redes, eu as retiro, quer sejam para mim, quer sejam sobre questões políticas, que as pessoas têm discutido muito recentemente.

Karnal – A senhora é uma budista *petralha* ou *coxinha*? [*Risos*]

Monja Coen – A "novela Brasil" não acaba nunca! Fui aos poucos me afastando dessa discussão, porque não vejo motivos para me manifestar a favor dos meus pontos de vista políticos atuais – algo que as pessoas acham que monges não têm. Nós temos, sim. Mas não devo dizer para as pessoas que vão ao templo fazer meditação o que penso da política do Brasil ou do mundo. Elas não vão lá para isso. Assim como, se quisesse me envolver na política e me tornar uma candidata para alguma coisa – o que não é minha intenção –, eu não poderia, como uma representante do povo, colocar o budismo como religião pública e brigar pelos meus valores religiosos dentro de um campo da laicidade que é o nosso Estado. Não cabe, dentro da instituição religiosa, querer convencer aqueles que ali chegam, às vezes fragilizados, procurando apoio, de uma posição política específica. Como também não cabe, dentro do Estado, como representante político de uma sociedade, colocar seus próprios valores religiosos como valores de Estado. São duas coisas que, para mim, não combinam. Mas eu tenho minha maneira de pensar e, às vezes, eu a colocava no Facebook. Algumas pessoas disseram que não poderiam mais frequentar a minha comunidade, porque o meu ponto de vista era muito perigoso. O que posso fazer? Lamento muito, mas também não mudo o meu ponto de vista tão facilmente. Tenho razões pelas quais vejo a realidade de determinada maneira. Lamentei muito a queda da presidente **Dilma Rousseff**, por exemplo, em quem votei, por considerá-la uma mulher honesta e correta. Penso que ela foi uma boa administradora, embora não soubesse muito bem fazer o que se considera política – que nem sempre é a verdadeira política, de fazer acordos honestos e corretos, de manter a palavra dada, o apoio e investir todos os esforços para o bem coletivo. Houve, na ocasião, quem notasse, pelas minhas postagens no Facebook, o meu ponto de vista e dissesse que eu parasse de publicá-las. Fizeram sutis ameaças de "você não sabe tudo que eu sei". Quase uma intimidação. Isso, para alguém como eu, que vivi um período de regime militar, quando amigos e conhecidos foram presos, torturados, mortos, quando houve grandes erros políticos, econômicos, administrativos e um medo coercivo de qualquer forma de expressão contrária ao poder estabelecido, ativou memórias antigas. Tive um grande amigo, que foi morto por terroristas políticos. Havia amigos dos dois lados. Havia medo dos dois lados. Pensei que isso fosse coisa do passado e, de repente, ali estavam pessoas amedrontadas, querendo calar vozes discordantes dos seus interesses. Se nos manifestarmos, então, a favor do pensamento de um determinado político, seremos massacrados. Que democracia interessante nós vivemos, não? Nos Estados Unidos, o presidente **Donald Trump** vem representando exatamente essa parcela da população humana que não admite pessoas com pontos de vista diferentes, através do discurso de que "nós precisamos nos proteger. Nós, Estados Unidos, ficamos desprotegidos. Estávamos tão preocupados em cuidar dos outros que o nosso país começou a ir mal. Vamos, então, cuidar dos veteranos de guerra, trazer as empresas, as fábricas de volta para o nosso país e ele vai se reerguer". É um pensamento que já ocorreu várias outras vezes na história. E Trump foi muito bem votado, porque grande parte da população americana pensa dessa maneira. Aqui no Brasil, também há quem pense assim. Não considero esse pensamento completamente errado. Todos queremos proteger e melhorar nossas casas, famílias, bairros, cidades, estados, países. Mas também sabemos que estamos todos interligados e que é quase impossível pensar em um país separadamente do resto do mundo.

Nós temos grandes grupos de pessoas pensando de forma oposta uns aos outros. Pessoas que não foram ensinadas, estimuladas, treinadas desde criancinhas a colaborar. Se quisermos construir uma cultura de paz, teremos que ensinar nossas crianças a colaborar, a compartilhar o brinquedo, a ajudar aquele colega que tem mais dificuldade em uma matéria na escola. Mas nós não estamos educando pessoas para uma cultura de paz. Falamos em cultura de paz, criamos leis para alcançá-la, mas não vivemos em paz. Não fomos educados a viver; a sentir paz, harmonia, não medo; a ter respeito, liberdade de expressão, diálogo, colaboração; a desenvolver, sintetizando em duas palavras, que simbolizam Buda, *sabedoria* e *compaixão*. O professor que não lê, por exemplo, não conseguirá estimular o aluno à leitura. Já o professor que lê provoca o aluno a ler e a estudar. Os pais e os professores que se tornam agentes da cultura de paz estão sendo capazes de se olhar, de se conhecer e, portanto, de escolher como querem se transformar. Porque, como ensinava Buda, não há nada fixo, nada permanente. É o eu "não eu". Não temos um eu fixo ou permanente. Nós somos assim? Não. Somos um processo em transformação. E podemos escolher, aí sim, aquilo de que queremos nos alimentar e aquilo que queremos nos tornar. Por isso, não concordo com quem fala grosserias. Fui jornalista e dizia muitos palavrões, até que um dia resolvi que não faria mais isso. No começo, era muito difícil encontrar a palavra que coubesse na frase. Agora, também já não penso mais palavrões – porque eu não falava, mas pensava. Quando alguém me ofende, me incomoda, esse personagem que diz palavrões, que agride com a sua fala, com a sua postura no mundo, ele existe em mim, como você colocou, Leandro. Mas eu decidi que não diria mais palavrões porque é agressivo, é incômodo. E, quando alguém me incomoda dessa forma no meu Facebook, nos meus *e-mails*, às vezes eu respondo e às vezes ignoro. É a única maneira que encontro de não ser violenta com a violência que vem na minha direção.

Karnal – Também não tenho o hábito dos palavrões, mas confesso que é difícil, quando eu bato violentamente a perna contra a ponta da cama, dizer: "Terrível ângulo agudo que rompeu as células da minha epiderme provocando pequena hemorragia". As palavras que me ocorrem são um pouco mais duras...

Monja Coen – Eu tenho uma sugestão. Quando bater a perna, apenas diga "ai". E sinta a dor. Não é necessário nenhum adjetivo, nenhuma palavra. A dor acontece e ela passa. Você pode colocar gelo, para não ficar roxo e, assim, tomar uma atitude.

Respeito e autoconhecimento

Karnal – Paul Valéry, grande poeta e pensador francês, dizia uma frase de que gosto muito: "A pessoa que julga não vai ao fundo de nenhuma questão". Quando julgamos, interrompemos a capacidade de avaliar, porque estabelecemos um tribunal entre nós e o outro. A partir daí, não o enxergamos mais, porque ele passou a pertencer ao outro lado. Portanto, o julgamento, à parte de qualquer reflexão religiosa, tem uma limitação filosófica. Ele é uma interrupção do raciocínio. A classificação nos impede de sentir, pensar e aprofundar qualquer questão. Eu consigo, nesta manhã aqui, perfeitamente tranquilo, tendo comido muito bem ontem à noite, tendo dormido cedo e tendo conseguido despertar bem, tomar um banho relaxante, estando na sua presença, ser um ser humano maravilhoso. Hoje, estou muito maravilhoso. Hoje, sou um ser humano equilibrado, sábio, dizendo coisas absolutamente maravilhosas. Hoje, estou um Leandro por quem, se eu conhecesse, me apaixonaria, porque hoje este Leandro está representando o melhor da humanidade. Sou muito matinal, acordo às quatro da manhã. Estou no apogeu do meu raciocínio pela manhã e tenho uma felicidade imensa neste momento. Mas há outros Leandros: o Leandro com fome, o Leandro cansado, o Leandro no trânsito, o Leandro que trabalhou 16 horas falando e, na décima sétima hora, alguém pede que repita algo que acabou de dizer... Existe o Leandro louco para ir ao banheiro e que alguém o interrompe para fazer uma *selfie*; e o Leandro que, ontem, no avião, sentou para ler um livro muito bom que havia selecionado a dedo para um voo muito longo e a quem a menina ao lado pede uma longa explicação sobre o culto a Nossa Senhora. Ele tinha a resposta para a pergunta, mas não queria ser professor durante as três horas do voo. Ali, ele queria ser aluno, queria ler. Esse Leandro, então, é um pouco pior. Ele tem raiva, impulsos violentos, inclusive, embora até hoje não realizados. Esse Leandro tenta contrabalançar com a fala o sentimento que tem, que é homicida. No trânsito, por exemplo, uso hoje a estratégia aprendida com a linguística, que é, diante do motorista que interrompe o fluxo de forma violenta e ilegal, dizer: "Ser de luz, vá, vá".

Costumo dizer que sou sábio no minuto seguinte. Nunca consigo ser, ou raramente consigo ser, sábio no minuto em curso.

Costumo dizer que sou sábio no minuto seguinte. Nunca consigo ser, ou raramente consigo ser, sábio no minuto em curso. Se eu for grosseiro com alguém, no minuto seguinte, percebo que fui injusto, violento e que não tinha esse direito. Gostaria de saber como ser sábio antes e no minuto em curso, e não quando reflito à noite, como faço todas as noites, sobre como foi o meu dia e percebo: "Nossa, que resposta horrível que dei. Que atitude incoerente. Como posso falar o tempo todo de tolerância e ser intolerante?". Como posso agir com sabedoria sem que seja na avaliação posterior? Ou seja, como consigo ter cultura de paz no momento, e não aqui sentado debatendo sobre isso?

Monja Coen – Existe uma história interessante, de um monge que era pavio curto, ficava bravo a todo momento.

Karnal – Não consigo imaginar um monge assim...

Monja Coen – É difícil, mas as minhas alunas podem lhe contar do meu comportamento mesmo dentro da comunidade. Às vezes, sou muito ríspida quando alguém não me responde da maneira como espero. Agora, estou me educando... Quando percebo que falei com mais rigidez, termino dizendo: "anjinho". Minhas alunas consideram isso mais ofensivo ainda! E me pedem: "Não fale 'anjinho', por favor". No trânsito, eu imagino, por exemplo, que a pessoa que faz coisas absurdas deva precisar muito ir ao banheiro. Então, que vá em paz. Não preciso ser a palmatória do mundo, querer ensinar a todos, em todos os lugares, como devem se comportar. Deve haver razões para que se manifestem aflitos e egocentrados. Apenas desejo que despertem e que passem bem.

Mas voltando à história do monge, ele contratou um menino porque queria pegar a raiva no momento em que ela surgia. Esse monge apenas notava que havia tido um acesso de raiva depois que isso acontecia. O monge deu um pedaço de pau para o menino e lhe pediu: "Quando eu ficar bravo, bata em mim". "Não, mas o senhor..." "Não, pode bater. E lhe darei uma moeda de ouro." O menino, então, ficou ali encostadinho. Veio uma pessoa conversar com o monge, e o menino, percebendo que ele ficaria bravo, *pá!*, bateu. O monge disse: "Isso não adiantou, porque eu ainda não estava com raiva. Você precisa me bater na hora da raiva". Na outra vez, o menino bateu enquanto o monge gritava, batia a porta, enfim, durante o acesso de raiva. Também não surtiu efeito. Até que, na terceira vez, o menino conseguiu pegar a raiva exatamente no momento em que ela estava começando a se manifestar. Nem antes nem depois. Por isso, o autoconhecimento é importante.

Ao observar o momento em que a irritação surge, você sente o próprio corpo e a emoção que está ali. Percebe que a respiração se tornou pulmonar, está mais alta, a musculatura do corpo se contrai... E, então, pode escolher relaxar. Quando você se solta e permite que a respiração fique mais leve, tranquila, permite também que surjam pensamentos mais sábios. A emoção é tão rápida quanto um raio de energia. O resto é memória... Você pode memorizar o que sentiu, o que fez, mas o que acontece é muito rápido. E para não ficar apenas rememorando e se mantendo em um estado desagradável, que não é de sabedoria, você pode e deve usar palavras sábias. Pensamentos sábios. Funciona.

A primeira vez em que me percebi com raiva, no exato momento em que ela ia se manifestar, foi muito interessante.

Havia saído do *Jornal da Tarde* e ido morar nos Estados Unidos, por várias causas e condições. Eu trabalhava como secretária de um banco, em Los Angeles, e fui fazer uma cópia. Era uma colagem de vários papeizinhos. Coloquei-a na copiadora, e estava prestes a fazer a primeira cópia quando alguém entrou na sala e os papéis voaram. Fiquei com raiva! Eu já praticava meditação e estava me treinando para ser o que chamo de "observadora de mim mesma". E, então, percebi: "Isto é raiva. Posso rotular: raiva". E como ela se manifesta? Na respiração. Comecei a fazer respiração consciente e me lembrei do livro *Sidarta*, de **Hermann Hesse**. Nesse livro, ele escreveu: "Aprendi a rir de mim mesmo com o som do riacho. Porque o riacho parece que está sorrindo, tchá tchá tchá". Essa foi a chave mágica. Afinal, como eu, que já me considerava naquela época uma meditadora, alguém que tinha controle sobre si mesma, poderia estar brava por causa de um papel que voou? Que tolice, não? Portanto, nós podemos encontrar um estado de mais leveza na vida. Não que eu não pudesse sentir raiva naquele momento, mas senti e passou. E lembrei-me de dalai-lama: "Treino de paciência". Faça outra vez. Cada vez que algo não dá certo e eu tenho que repetir, percebo que faço melhor da segunda vez. Porque vou estar mais atenta, inclusive, para impedir que pessoas venham me perturbar ou atrapalhar o que estou fazendo. E sem usar violência e agressão. Certa vez, fui de trem com a minha professora, no Japão, da cidade em que ela morava até o nosso mosteiro em Nagoia. E ela estava muito preocupada que eu fosse mais uma dessas alunas que aproveita a situação para contar toda a vida ao professor e fazer perguntas. Ela disse para mim: "Eu preciso trabalhar no trem. Você pode se sentar ao meu lado, mas vou estar trabalhando". Ou seja, "não fale comigo". E eu não falei com ela e foi muito agradável para ambas. Porque só o estar perto de algumas pessoas, mesmo sem conversar, já nos faz nos sentir bem. Não precisamos pegar, abraçar, beijar, fotografar... Não ligo que queiram fazer fotografias minhas. Acho até bonito, porque sei que represento um arquétipo mental. Mas também não sou como algumas pessoas podem pensar: a monja santa e sábia, que é perfeita e fala com uma voz tão suave esses ensinamentos que nos fazem tão bem... Às vezes, vejo no Facebook comentários como: "Eu durmo com a senhora, porque eu a ouço para poder dormir". Então, eu faço dormir. E eu faço acordar também. Eu faço a família participar. É agradável isso.

Acho muito interessante que tenhamos hoje, aqui no Brasil, quatro grandes professores a quem todos ouvem e de quem todos comentam: você, Leandro, o **Cortella**, o **Pondé** e o **Clóvis**. Pois todos nós, humanos, em algum momento da existência, nos questionamos sobre o sentido da vida. Sobre o que é vida, morte, Deus... Por muito tempo, essas perguntas foram abafadas e varridas para debaixo do tapete, mas elas estão voltando agora para a superfície. Acredito que o princípio da criação de uma cultura de paz verdadeira seja justamente fazer perguntas, questionar-se, ouvir pensadores como vocês, que têm a capacidade de mostrar um leque tão grande da história, da humanidade e do pensamento humano, para que nós façamos as nossas escolhas. E eu os considero fundamentais, professores dessa cultura de paz. Nenhum de vocês diz: "Vá lá, bata, agrida, xingue e ofenda. Mate". Nas suas polaridades de pensamento – e por isso são muito interessantes –, vocês mostram caminhos que nos conduzem ao questionamento, para que possamos nos conhecer melhor e responder de forma mais adequada à realidade. Para mim, só existe este caminho para uma cultura de paz: o autoconhecimento.

Para mim, só existe este caminho para uma cultura de paz: o autoconhecimento.

Karnal – Concordo inteiramente. E sou melhor professor do que aluno, apesar de dizer que gosto muito de aprender, o que é verdade, e que eu ficaria feliz de ouvir alguém dar aulas o dia inteiro. A grande questão é que, sim, posso contratar um menino que ande junto comigo com um bastão para me bater – não tenho tantas moedas de ouro, mas poderíamos substituí-las por uma bala ou coisa parecida... Eu posso gravar o som do riacho e ouvi-lo 24 horas por dia...

Monja Coen – Muitas pessoas fazem isso...

Karnal – Eu posso lembrar que, sim, as pessoas veem arquétipos. A minha dificuldade é quando, depois de falar durante duas horas em uma palestra; autografar livros por mais quatro horas; atender todos, sem exceção; fazer a cada pessoa um comentário sobre a origem etimológica do nome, ou sobre alguma coisa simpática; ouço ao chegar ao estacionamento: "Professor, eu não quis falar em público. Eu sou tímido...". E, assim, sou punido pela timidez alheia. Terei que fazer um extra ali, depois de atender o público por seis horas com dedicação.

Monja Coen – Você sabe quando os Beatles, me contaram isso recentemente, desistiram de tocar nos Estados Unidos? Quando perceberam que ninguém mais prestava atenção ao que eles estavam tocando. Para ir embora dos estádios onde se apresentavam, precisavam sair escondidos dentro de carros-fortes, daqueles que levam dinheiro. Colocavam a banda lá dentro, fechavam a porta e saíam a toda, porque não era mais possível conviver com o amor das pessoas. Por isso, é preciso dar limites. E dar limites não é ofender. Eu também gosto de autografar livros e de perguntar: "Quem é você? Qual é o seu nome? O que você faz?". Acho importante saber quem está lendo os meus livros, quem se interessa pelo que faço, porque isso até me ajuda a melhorar. Eu me sinto mimada quando pedem para tirar uma foto. É um carinho que a pessoa está fazendo, à sua maneira: "Eu gosto de você, quero estar junto de você, quero lembrar-me de você". Mas temos que colocar limites, porque algumas pessoas não conseguem perceber nem quando precisamos ir ao banheiro! "Como vai ao banheiro se eu quero falar com você? É só um minutinho. É só uma foto..."

Karnal – E aí, a pessoa passa o celular para alguém tirar a foto, que pergunta: "Qual é a senha do aparelho?". Devolve, coloca a senha. "Está com *flash*?" Aí volta... "Tira mais uma?"

Tudo o que estamos falando, por meio dessa metáfora, é, de novo, o exercício do eu. Por que as pessoas não respeitam o espaço do outro, que está se colocando na vontade de respeitar o delas?

Monja Coen – Que está se forçando um pouco a acolher aquilo que não quer acolher...

Karnal – Exatamente. E, nesse caso, a liberdade e a paz significam ceder? Isto é, a pessoa que pode ceder deve fazer isso?

Monja Coen – Até quanto puder ceder. Não vá além do que é possível. Há momentos em que precisamos dizer: "Agora não posso mais". E isso é muito importante. Os limites são importantes. Liberdade e cultura de paz também significam conhecer limites – os nossos e os que temos que dar aos outros, para que não invadam a nossa privacidade, espaços que são muito pessoais, da nossa pele... Gosto do fato de que, no Japão, as pessoas não se tocam. Nós, ocidentais, podemos achar os japoneses frios por isso, mas eles são, na verdade, muito quentes – tão quentes que não precisam encostar um no outro, porque um está sentindo o outro. Aqui no Brasil, todos querem beijar e abraçar. Quando estou autografando livros, querem tirar fotos com as mãos em prece.

Karnal – Ou seja, é uma cenografia. Naturalmente, esse é um problema específico que nós, como pessoas públicas, vivemos, mas que remete à questão universal do filho que demanda a mãe sem cessar, do paciente que demanda o médico, do cliente que demanda o advogado e assim por diante. É o exercício de paciência que ironizei em um texto,* dando o exemplo do garçom que elenca os sucos disponíveis em um restaurante: "Laranja, limão, abacaxi, acerola...". Nas cem primeiras vezes, ele ainda repete o cardápio. Mas na centésima primeira vez...

Monja Coen – E o cliente pergunta se tem aquele sabor que o garçom não falou.

Karnal – Exatamente.

Monja Coen – "Esse não temos..."

Karnal – É claro que minha indicação de administrador seria: coloque as opções no cardápio, em letras bem grandes. Mas nem sempre funciona. É como na sala de aula. O professor escreve no quadro: "Página 60", em letras gigantescas. Fala com voz forte: "Página 60". Dez minutos depois, alguém levanta a mão e pergunta: "Qual é a página?".

É difícil. É o desgaste do cotidiano sobre nosso desejo de aperfeiçoamento. Sim, posso ser um professor excelente na

---

* "Tem suco de quê?". *O Estado de S. Paulo*, 20/9/2017. (N.E.)

primeira meia hora e ser um namorado exemplar no primeiro final de semana juntos. E depois de anos, a lenta erosão do mesmo se repetindo e a suave melancolia que retira a aura de novidade introduzem em todos os atos o tom acinzentado... É um exercício de convivência complicado, que leva um francês – só poderia ser um francês –, **Sartre**, a dizer isto: "O inferno são os outros". O inferno está no outro. Mas isso, por sua vez, oculta o fato de que também o paraíso está no outro.

Monja Coen – Os outros são os nossos treinadores. Eles só existem para nos mostrar o caminho. Se observarmos por esse ângulo, eles nos mostram na nossa impaciência, na nossa vontade de dizer "chega". De explicar: "Não, desculpe-me, não posso conversar com você agora porque preciso muito ler este livro". E podemos dizer isso com respeito ao outro, fazê-lo perceber, tal como uma criança, os nossos limites.

Karnal – Ou usar a sua estratégia: "Anjinho".

Monja Coen – Quando ficar bravo com os alunos, no final diga: "Anjinhos"! Que é para nós, não para eles. É para percebermos que falamos com grosseria.

Foco e resiliência

Karnal – Acho que uma parte importante dessa cultura de paz passa pela questão da percepção da nossa não centralidade. Vi o **papa Francisco** na praça de São Pedro, há pouco tempo. E seis seguranças iam empurrando as pessoas e abrindo caminho para o papa passar. Os seguranças eram a barreira do mal; o papa, o puro bem, no meio, fazendo gestos. E confesso que, como sou menos evoluído, pensei: "Que inveja, papa Francisco...". Como eu gostaria de delegar a violência a terceiros e ser sempre o sol brilhante e puro em meio a cometas irritadiços...

Monja Coen – Aqueles que incomodam o outro não percebem o todo. Estão tão fechados em si mesmos que não percebem mais nada. É o eu pequeno – o *euzinho*. O *eu* que precisa, o *eu* que para na fila dupla, o *eu* que atrapalha o trânsito, o *eu* que chega no restaurante e quer ser atendido primeiro. Eu, eu, eu. Esse *euzinho* nosso toma proporções gigantescas e atrapalha a vida pessoal e coletiva. Por isso, é preciso entrar em contato com algo que é maior do que esse *euzinho*, do que essa necessidade pessoal e única que faz com que não se perceba o todo, quem está ao lado, o que está fazendo, a necessidade do outro, enfim. O *euzinho* percebe a própria necessidade, apenas. Está fechado em si mesmo. São pessoas que não saíram do casulo. Elas têm pequenas visões do que é estar fora do casulo, mas não saíram de lá. E nós não podemos tirá-las do casulo à força e dizer: "Veja o todo". Mas podemos dar a elas ensinamentos, dicas de que há outras coisas acontecendo ao redor. Quando estou dando autógrafos, não posso conversar com todos que estão ali. Digo: "Veja a fila. Aquelas pessoas lá no fim estão ficando bravas. Então, em respeito a elas, vamos falar rapidinho. Não é que eu não queira conversar com você. Poderia ficar horas falando com você, mas há outras pessoas ali também". Precisamos abrir essa perspectiva do olhar que sai do eu pequeno.

É preciso entrar em contato com algo que é maior do que esse *euzinho*, do que essa necessidade pessoal e única que faz com que não se perceba o todo, quem está ao lado, o que está fazendo, a necessidade do outro.

Karnal – Uma amiga minha, muito famosa, me contou que toda vez que vai a uma cidade pequena, o prefeito a convida para jantar. Ela leva, então, a assistente. E quando o prefeito faz o convite, essa minha amiga diz: "Sim, claro. Que ótimo!". E a assistente rebate: "Não, ela não pode ir". Ela insiste: "Mas nem um pouco? Talvez só meia hora?". "Não, temos um avião agora partindo." "Ah!" Essa teatralidade, claro, tem um pouco de transferência do eu. Em filosofia, chamamos de má-fé quando transferimos para o outro a responsabilidade da nossa liberdade. Mas como conseguir dizer para alguém com clareza – e isso para todas as situações: pessoas expostas à mídia ou não, mães, pais, professores, garçons, atendentes, vendedores etc. – que ele não é o centro do mundo? Principalmente quando esse outro é um cliente que, contrariado, vai atacá-lo ao seu superior. E que, se não tiver a centralidade da atenção pelo tempo que ele achar necessário, vai ter o ego ferido e dizer que foi mal atendido. É difícil quando o outro realmente age com má-fé e tenta prejudicá-lo se você não o atende como ele quer. Nesse sentido, é mais fácil falar para uma multidão. É mais fácil estar na posição de um educador, de um monge, de um guru, de um líder espiritual do que na posição de um garçom ou de um vendedor de loja, que são muito perturbados pelos clientes.

Monja Coen – Devemos deixar as impropriedades recebidas, tudo aquilo que não nos pertence, em algum canto. Se não nos servem, não vamos levá-las para casa conosco. É por isso que ensino a respirar conscientemente: endireite a coluna, respire e vá. Porque sempre vão existir pessoas que pensam de modo contrário ao seu, que não compreendem, que agridem. Mas se você conhece a si mesmo, sabe que não é aquilo que alguém possa estar falando que é. No caso de um garçom, ou de um vendedor, ele deve respirar e só depois conversar com o superior. E o superior dele, que provavelmente também já foi garçom, ou vendedor, sabe que, muitas vezes, o cliente é uma pessoa difícil. Que reclama porque é alguém que não está bem, que está insatisfeito e, assim, joga suas frustrações pessoais em cima do outro para se libertar delas.

Karnal – Certa vez, um taxista me contou algo interessante. Não sei se alguém disse a ele ou se a ideia era dele mesmo. Disse que via o trânsito como se todos estivessem dirigindo um caminhão com uma grande caçamba carregada de lixo: as dores no casamento, profissionais, pessoais, a pressa, a insatisfação, o medo. Quando alguém enfrenta o nosso caminhão, despejamos o lixo em cima dele. Observando que todos estão rodando carregados de dores, o melhor a fazer seria encontrar alguém que nos graceja um pequeno gesto: um dedo projetado, um palavrão, uma acelerada, um toque da buzina. E que, portanto, nos possibilite decretar: "Este será o alvo do meu lixo". E então, despejamos o lixo em cima. Aquele que carrega o próprio lixo também agora tem lixo dobrado – o dele e o do outro. Isso pode provocar morte: excesso de lixos pessoais multiplicados pelo estopim do tráfego.

Isso me lembra um conto famoso no Brasil em que um homem muito tranquilo, um pai de família exemplar, todas as noites saía de casa, pegava o carro, andava pela rua e atropelava alguém. Matava alguém de forma cruel e voltava para a esposa feliz e relaxado. Essa violência dele era um gesto para manter a sanidade dentro do casamento e da vida no escritório.[*]

---

[*] "Passeio noturno", de Rubem Fonseca. (N.E.)

Monja Coen – Que interessante. Ouvi uma história uma vez de uma moça que é travesti e tinha vivido da prostituição tanto em Paris quanto em São Paulo. Ela me disse: "Se não fossem as prostitutas, os casamentos não durariam. Porque todas as violências e loucuras sexuais são praticadas com as mulheres que são pagas para isso, nunca com a esposa". Eu nunca havia pensado nisso. Ela descrevia coisas tão absurdas... Pensei: "Nossa, isso também existe?". Sim, isso também existe, como desvios sexuais. As senhoras que trabalham com sexo – de quem as pessoas gostam de falar mal – seriam, portanto, as responsáveis por manter os casamentos e a sociedade estabilizada.

Karnal – Alguém me disse uma vez que o celular está destruindo a família porque, em vez de conversarem à mesa, todos ficam o dia inteiro com ele na mão. Eu também penso que ele esteja segurando as famílias, porque, talvez, se elas conversassem muito...

Monja Coen – Iam brigar tanto!

Karnal – No momento em que temos esse espelho que impede de nos expor ao outro, ficamos preservados dele também.

Monja Coen – Isso é interessante. Costumo dizer, daqueles joguinhos de celular, que as pessoas fazem treino de concentração. Você fala "bom dia, boa tarde" e elas não respondem. Não param de jogar.

Karnal – Parecem monges... É o mesmo treino do piano, por exemplo. O piano foi o meu joguinho, o meu grande exercício de paciência. Se tomarmos uma fuga de **Bach**, tocar uma voz, a outra, juntar as duas mãos, aumentar a velocidade, tudo isso é um processo muito educativo. Não sou pianista; sou alguém formado em piano. Assim como alguém formado em Letras não é um autor e alguém formado em Educação Física não é um atleta. Eu me formei em piano e, embora nunca tenha sido pianista, isso me ajudou muito.

Monja Coen – Acho que os pais, em vez de reclamarem que o filho passa muito tempo em jogos, deviam se aproveitar disso para fazê-lo estudar com a mesma resiliência, com a mesma capacidade de concentração e foco. Não é o mesmo foco que se quer em meditação. O foco da meditação é como o de uma lente fotográfica grande-angular, na qual tudo está em foco, tudo se percebe. Percebemos, inclusive, o que ou quem possa aparentemente estar nos incomodando. Esse é o foco que esperamos acessar pelas práticas de autoconhecimento, de percepção. Não é o eu separado; é o eu "não eu", o eu em relação a tudo que está acontecendo. Mas o foco do joguinho pode se tornar um elemento muito bom para estudo, para desenvolvimento intelectual. É um treino de concentração que nós estamos desperdiçando. Por isso, em vez de reclamarem para o filho que o jogo é um obstáculo, acho que os pais devem dizer: "Nossa, que bom! Você treinou bastante. Agora leia este livro com o mesmo foco que teve no jogo. Depois, me mostre quais obstáculos você teve na leitura e como os superou". Porque, no jogo, a pessoa cai e levanta de novo. Ela precisa passar por um obstáculo, cai e tenta outra vez. E outra. Enquanto não passar por aquele obstáculo, ela não desiste. E, então, passa para o nível dois, que é mais difícil, e continua caindo e encontrando obstáculos, mas vai insistindo até que fica muito boa nesse jogo.

A vida é muito parecida com isso. Há obstáculos e dificuldades, mas eles não são o mais importante porque vamos superá-los. E quando os superamos, outros aparecem. Eles vão ficando mais sutis e mais difíceis. Mas não desistimos do jogo. Criar uma cultura de paz é saber jogar isso bem. É ter resiliência, não desistir. Pode não dar certo agora, mas temos que pensar em como vamos chegar lá. Não devemos olhar só para as dificuldades, porque essas são apenas etapas. A cada etapa que superamos, surgem outras. E que bom! Porque continuamos no jogo.

Karnal – Essa é uma ótima reflexão.

Coerção e consenso

Karnal – Em uma sociedade complexa, precisamos ter, como a senhora disse anteriormente, polícia, multa, alguém que faça o trabalho de coerção, com o senso de garantir cultura de paz, educação, boas escolas, educação familiar e assim por diante. Quando o consenso é absoluto, a coerção diminui ou desaparece. Quando o consenso existe em menor grau, a coerção é necessária. Eu sempre defendi a necessidade, por exemplo, das campanhas de trânsito na televisão, no rádio, em casa e na escola, mas também de muitos radares. E por quê? Porque nossa sociedade é grande, complexa e problemática. E aí entra uma noção iluminista, a de que a minha liberdade termina quando começa a do outro. Em alguns momentos, porém, essa coerção parece esbarrar na censura, no limite, na interrupção da liberdade de ser do outro. Como equilibrar coerção e consenso? Como equilibrar o fato de que, além do consenso, tenho, de fato, questões práticas sobre a existência do outro ser o limite?

Monja Coen – O que você falou é o que eu penso também. Se nós precisamos de coerção é porque não somos éticos. Se nós tivermos uma comunidade em que todos vivam em harmonia e respeito mútuo, não vamos precisar de policiais, porque não vai haver crimes ou vai haver menos crimes, menos necessidade de punição. Mas até que possamos educar populações para isso, até que tenhamos uma população que seja realmente ética, que viva por princípios de percepção do que é correto e adequado nesta ou naquela circunstância, precisamos de multas, de policiais para chamar quando for necessária a interferência de alguém, como no caso das brigas que não conseguimos resolver sozinhos. Se fôssemos capazes de resolver nossas questões sem precisar de uma terceira pessoa para julgar se é certo ou errado, quem está certo ou errado, acho que não precisaríamos nem de juízes. Mas nós queremos um manual, um livrinho... Só que um livrinho não adianta. As nossas leis sozinhas não adiantam. Tanto que a jurisprudência depende de como se interpreta o texto jurídico. A lei está lá, mas pode ser interpretada de pontos de vista diferentes.

> **Se nós precisamos de coerção é porque não somos éticos.**

Karnal – Hermenêutica...

Monja Coen – Precisamos que alguém de fora resolva o nosso conflito, porque não somos capazes de sair de dentro de nós mesmos e de nos observarmos no mundo, de vermos o modo como estamos agindo. Por exemplo, por que se coloca limite de velocidade nas ruas? Há lugares em que pensamos: "Quem teve a ideia de pôr 40 km/h aqui?". Porque, ao nosso olhar, aquela velocidade não é adequada. Mas, independentemente do nosso olhar, deve haver alguma razão para alguém, que seja um especialista, tomar essa decisão. E vamos cumprir a regra, porque essa pessoa deve saber mais do que o nosso entendimento naquele momento. Seguimos a regra não porque, do contrário, seremos multados, mas porque deve haver alguma razão para ela existir, mesmo que não possamos percebê-la.

Acho difícil que não haja nenhuma coerção e que chegue um tempo de ação correta por todos nós. O consenso e o dissenso podem funcionar simultaneamente. Eu penso muito no dissenso como algo interessante, sabe? Não precisamos todos concordar sobre tudo o tempo todo. Podemos ter olhares diferentes. Carros diferentes em estradas diferentes, por exemplo. Na Europa, corre-se muito. Os carros são feitos para rodar em alta velocidade. Aqui no Brasil, nós compramos carros que rodam em alta velocidade para andar devagarinho. Não há muito cabimento nisso. É algo que nós questionamos. Não é consenso geral guiar a determinadas velocidades. Então, nós vamos a uma velocidade mais alta e recebemos a multa. Mas quem possui carros mais velozes, normalmente, não se importa com a multa, porque tem condições de pagá-la. Isso acontece muito. Não há, portanto, coerção possível. Esta deixa de ser efetiva para determinado grupo de pessoas. Outro exemplo, existe coerção para os traficantes de drogas. Mas, e daí? Eles continuam traficando. Alguns são presos, mas continuam traficando. Alguns morrem e logo são substituídos por outros jovens. A coerção não impede, não limita o tráfico de drogas. Ele continua a existir e de forma cada vez mais robusta. Por isso, surge o pensamento de legalizar certas drogas, para talvez baixar o nível de criminalidade.

Karnal – Estamos dizendo aqui que a cultura de paz também pressupõe limites e implica regras. Mas deve haver um senso comum que suponha que cultura de paz seja a cultura do cada um fazer o que quer. E nós estamos falando de uma cultura de paz que implica responsabilidade. E, inclusive, que as pessoas assumam a sua parte, a sua cota societária nessa cultura de paz. Acredito que muitas pessoas possam questionar exatamente isto: é certo estabelecer regras e punições não como imposição de violência, mas no sentido de que você fez isso e houve essa consequência? E quem resolve a consequência é você? Uma cultura de paz pressupõe, também, coerção?

Monja Coen – Ah, sim. Acredito que sim. Em primeiro lugar, precisamos pensar no que é erro, no que consideramos erro e acerto. Se estamos, então, criando uma cultura de paz, o que vai determinar o ser de paz, temos que pensar: o que é essa cultura de paz? Onde ela se manifesta no indivíduo e na sociedade? E eu não separo indivíduo de sociedade. Indivíduo é a sociedade em que ele está inserido. Nós somos a vida da Terra. Estamos interligados a tudo e a todos. Tudo aquilo que falamos, pensamos e o modo como agimos faz parte da trama da existência. Não existe apagador daquilo que é feito. Não há como apagar algo que fizemos e de que nos arrependemos. O que se jogou no universo, no universo está. Mas isso não significa que o universo vai nos punir. Para nós, no budismo, é causa, efeito e condição – é neutro. Não há uma deidade que nos julga, que seria uma outra forma de dizer da ética. Algumas pessoas pensam que só quem acredita em Deus é ético, por medo de ser punido ou de que aconteça algo em uma próxima vida. Ou, dentro do budismo, têm a ideia de que precisam ser boazinhas por conta da Lei da Causalidade. Nada disso, para mim, funciona como o princípio de uma pessoa que vive de forma coerente para o bem individual, que é o coletivo. Se há um bem individual que nos beneficia, mas que prejudica o coletivo, estamos prejudicando a nós mesmos. Porque nós somos essa vida. Se não cuidarmos do meio ambiente, do ar, da terra, do solo, não estaremos cuidando da nossa própria vida, que é o nosso corpo e a vida da Terra. Se não cuidarmos da nossa maneira de ser, de pensar e de nos relacionar com as outras pessoas e com o mundo, não estaremos cuidando de nós mesmos. Porque não podemos nos separar de nós mesmos. Somos esse todo manifesto. O que jogamos volta para nós. Se nos arrependemos e percebemos que algo não foi bom, minimizamos os efeitos, mas não vamos apagá-los jamais. Somos, portanto, corresponsáveis pela realidade em que vivemos. Fazer com que as pessoas percebam isso, que são responsáveis pela realidade em que estão vivendo e pelas decisões que tomam, para mim, é educação. E as decisões tomadas, acertadas e erradas, vão dar resultados. Aquilo que pensamos ser errado neste momento pode se tornar positivo em outro. Não me lembro de todos os detalhes, mas há uma história antiga e muito bonita de um homem que tinha uma vaquinha. Um dia, ele adormece e alguém lhe rouba a vaquinha. Anos depois, o ladrão volta e o homem está riquíssimo. "Como isso aconteceu? Eu roubei a sua vaca!" "Pois é. Quando saí da minha área de conforto, comecei a plantar. E plantar deu certo e fiquei muito rico com isso." Ou seja, aquilo que aparentemente é errado pode ser benéfico em outro momento. Nós não vamos ser os grandes julgadores e construtores de uma cultura de paz dizendo: "O limite está aqui. Se não estiver dentro dele, é violência e não paz". Porque estaremos repetindo uma sociedade violenta. A dificuldade que temos em construir uma cultura de paz é que fomos criados em uma cultura de violência, de coerção e de limites, sim, e na qual queremos continuar porque a paz só vai existir se for no meu molde e do meu jeito. Abrir mão disso, abrir mão dos próprios valores é alcançar um valor maior. Que não chamo de Deus, que não chamo de Buda; chamo, e acredito muito nele, de DNA humano. O nosso DNA quer sobreviver, e a sobrevivência dele depende da mudança de paradigma, da mudança de modelo mental. Se esse modelo mental, que é modelo de violência, de agressão, de competitividade, não desaparecer, nós, seres humanos, espécie, vamos desaparecer do planeta.

Percebemos que a nossa sobrevivência depende da sobrevivência das outras espécies, para que possamos continuar existindo. Ficamos politicamente corretos. Passamos a respeitar e a considerar uns aos outros, bem como a natureza: "Vamos cuidar do bichinho, vamos olhar para o passarinho...". Ficamos tão bonzinhos de repente, pois percebemos que nossa sobrevivência depende da harmonia do todo manifesto.... Mas não somos bonzinhos; nós somos egocentrados. Pensamos em nós antes de tudo. Há uma história muito bonita e antiga de um rei e uma rainha que eram discípulos de Buda. Eles subiram na torre mais alta do castelo e olharam lá para adiante: os campos, as plantações, depois a cidade... O rei disse para a rainha: "Estou com um problema: percebi que o que mais considero sou eu mesmo. E eu quero que o meu reino seja bom. Mas há sempre o 'eu' e o 'meu' em primeiro lugar. E você?". A rainha respondeu: "Eu também. Vamos falar com Buda. Estamos cometendo um crime, afinal. Nós temos que viver sem apego, sem aversão. Temos que pensar no bem do outro". E Buda disse: "Que bom que vocês perceberam, porque todos são assim. No momento em que percebemos que todos são assim, descobrimos que o outro é semelhante a nós. E dele vamos cuidar, porque esse outro somos nós. O outro sou eu".

Tudo o que nos aparece e nos confronta é um aspecto de nós mesmos. No momento em que acolhemos isso, nós nos transmutamos, porque somos seres em transformação.

Tudo o que nos aparece e nos confronta é um aspecto de nós mesmos. No momento em que acolhemos isso, nós nos transmutamos, porque somos seres em transformação. Não permanecemos congelados. Se algo não nos agrada, temos que modificá-lo. Como em um joguinho, nós não desistimos. Amanhã, tentaremos de novo. E esperamos que a provocação do dia seguinte seja parecida com esta, porque, então, acertaremos. Ela pode vir meio de lado, enviesada, mas o processo é incessante. Além disso, como dizia a minha superiora, "o avesso tem que ser tão bonito quanto o direito". Saberemos que estamos praticando algo de forma adequada se fizermos corretamente o nosso melhor quando ninguém estiver nos vendo, sem precisar de guardiões da cultura de paz. Isto é, quando estivermos a sós. E quando o que fizermos, falarmos e pensarmos estiver de acordo com os nossos princípios de fazer o bem a todos os seres, adentraremos os princípios da ética. Eu acredito que a ética é o bem pelo bem. É fazer o bem porque ele é gostosinho de fazer. Não vamos ganhar uma medalha por isso. Ninguém vai nos dar um prêmio nem dizer como somos legais. Percebê-lo é a ponte principal para o autoconhecimento e para, assim, conhecermos o mundo. Porque não estamos separados do mundo, nem da realidade, nem das outras pessoas. Nós nos identificamos com o que está acontecendo e agimos de maneira que seja a mais excelente e abrangente – o melhor para todos. Porque, se pensarmos apenas no que é melhor para nós, perderemos. Não há tesourinha que nos separe da realidade; estamos em integração com o todo. **Millôr Fernandes** tem uma frase ótima: "O maior altruísta é o maior egoísta". Pois já percebeu que só será feliz se todos estiverem felizes. Só ficará bem se as pessoas a sua volta também estiverem bem. Caso contrário, sofrerá com o sofrimento coletivo. Por isso, procurará meios de melhora. É uma fantasia dizer: "Estou bem", quando o resto do mundo está sofrendo, infeliz.

Uma síntese

Karnal – Para concluir esta produtiva conversa, acho importante sintetizar os pontos do nosso grande objetivo deste livro, que foi estabelecer o que é uma cultura de paz e quais os passos para alcançá-la. Falamos que uma cultura de paz parte do conhecimento de si – se nos conhecermos, estaremos mais aptos a essa cultura de paz. Falamos de uma cultura de paz como a capacidade do exercício em relação ao outro, o exercício permanente de conhecer-se com os seus treinadores – em especial, como a senhora destacou, com os treinadores da nossa paciência, aqueles que oferecem a capacidade para que possamos, de alguma forma, fazer algo que supere a nossa vontade egoica, imediata. E falamos de compreender-se e de compreender-se como parte de um processo.

Monja Coen – Eu acredito que conhecer a si mesmo é ir além da própria história pessoal. Às vezes, as pessoas pensam: "Não, eu conheço a mim mesmo. Eu me lembro da minha infância, da minha adolescência, do que fiz ontem...". Não é bem isso. Conhecer a si mesmo é conhecer o que é o ser humano, a mente humana, como ela é formada, do que foi alimentada para que se manifeste de determinada maneira e como esse sistema pode ser modificado. Pois ele pode ser modificado, como um computador. Nós podemos modificá-lo ao escolher quais programas colocaremos nele. Podemos modificar, até mesmo, o programa original. Isso é uma capacidade humana.

Somos fruto de uma cultura de violência, e ainda existimos nela. Se quisermos viver uma cultura de paz, teremos que pôr um pouco de lado os valores, os princípios e a maneira de pensar da cultura de violência. E eu considero isso difícil. Mas é muito estimulante se nos lembrarmos de que fazemos joguinhos que nos dão foco e resiliência. Pois, se quisermos transformar uma cultura de violência em uma cultura de paz, precisaremos ter muita resiliência. Passando pelo não medo, pelo presente de dar o não medo às pessoas, para que elas sintam a alegria de viver, de partilhar, de compartilhar, de desenvolver uma maneira de cuidar – um cuidado amoroso consigo próprias e com tudo que as cerca.

Karnal – Essa foi uma das questões de que tratamos mais longamente e que achei muito interessante: para a paz, é necessário não ter medo. Para não ter medo, é preciso não estimular nas pessoas a ideia de punição, de fracasso, de erro. Essa cultura de paz significa compreender que o medo é uma das origens da violência: aquilo que temermos, atacamos. Quando não entendemos, agredimos. E, como a senhora bem explicou em vários momentos, é importante buscar a comunicação com o outro, estabelecer um contato prudente, especialmente, com aquele de quem discordamos. Pois, a todo instante, temos a dificuldade das coisas circunstantes. A todo instante, as circunstâncias contrariam a nossa vontade e submetem o nosso eu ao desafio de não ser onipotente, de não controlar todas as coisas. Por isso, para diminuir o medo, o conhecimento do outro é fundamental. E também o controle de si pelo controle da consciência do corpo ou da consciência da respiração que a senhora destacou. O que mais existe nesse controle do medo que nos ataca?

Monja Coen – É o reconhecimento de que o medo existe e de que ele é, inclusive, um alicerce para a nossa sobrevivência. Mas o medo não pode ser estimulado como tem sido para controlar populações e maneiras de ser no mundo. Por isso, precisamos nos libertar do medo. Somente quem tem medo pode se libertar dele. Quando somos todos criados em uma comunidade de medo, temos que, primeiramente, identificar os nossos medos, depois perceber se eles são adequados ou não. Voltamos, então, à única maneira de realmente conhecer em profundidade a nós mesmos, que é conhecer em profundidade o ser humano. E então, reconheceremos no outro aspectos nossos, inclusive o medo, a agressão, mas também a amorosidade e a proposta de uma vida mais harmoniosa. Reconheceremos no outro não só o que nos assusta, o que nos agride, mas também aquilo que nos propulsiona para sermos pessoas mais gentis.

Karnal — E, com isso, não apenas seremos capazes de diminuir a violência em relação ao outro, mas também de diminuir a violência conosco, que é a violência que acaba respingando nos outros; de não estimular o medo; de ter controle, inclusive, da consciência ou aumentar a consciência do corpo; de não amplificar os discursos que reforçam a violência e o medo; e, acima de tudo, de reconhecer, no outro, um outro ser aprendendo, um outro ser com medo, um outro ser submetido à imperfeição, assim como nós. Seremos capazes de reconhecer que o outro, como nós, também é falho, e que isso nos irmana. Seria uma fraternidade, portanto, não fruto de uma consciência angélica, isto é, não porque somos anjos, mas porque *não* somos anjos. Somos todos parecidos. E a raiva do outro que respinga em nós atiça, germina, umidifica a nossa própria raiva, que acaba estourando da mesma forma. Criar uma empatia com o outro pode ajudar a superar essa cultura de não paz.

Monja Coen — Há uma expressão no budismo que diz que cada ser que encontramos é um ser iluminado disfarçado a nos mostrar o caminho. Assim, cada embate que temos, cada dificuldade de relacionamento nos mostra algo, como aquilo que precisamos aprimorar em nós, e não no outro. Queremos sempre mudar o outro. Se ficamos com raiva, acreditamos que é porque o outro nos provocou. Precisamos perceber que existem em nós todas as possibilidades humanas. Mesmo aquelas que dizemos não humanas são humanas, porque se manifestam no ser humano. Ainda que a nossa porcentagem de livre-arbítrio seja muito pequena, *nós* podemos fazer escolhas, e isso é muito importante.

Karnal – Devo reconhecer que o senhor Buda tem enviado, especialmente no trânsito, muita gente para me educar! Multidões de motoristas querem testar minha paciência, meu equilíbrio... Às vezes, aprendo a lição, às vezes, preciso voltar a ela.

Nós tivemos aqui um debate sobre a questão da cultura de paz e sobre como ela produz uma nova atitude, um desafio de uma sociedade menos agressiva, menos cheia de preconceitos e capaz de uma evolução em relação a uma posição mais tranquila e menos violenta. Foi um prazer conversar com a senhora. E espero que seja um livro tão prazeroso para o público quanto foi a conversa.

Monja Coen – Que assim seja. Foi uma grande alegria.

Karnal – Muito obrigado.

Monja Coen – Muito obrigada, professor.

Epílogo

Leandro Karnal

Conheço a Monja Coen há uma década. Tivemos rápidos contatos profissionais antes e uma maior proximidade por ocasião do livro que você tem em mãos agora. A primeira coisa que me impressionava nela era a tranquilidade, quase um estereótipo da pessoa marcada pelo budismo japonês. Ao conversar mais, percebi a mulher além da personagem, alguém que reconhece momentos de raiva e de impaciência com os outros, que não é vegana, que não constrói uma imagem sublime de si. Em resumo, encontrei uma mulher que está presente na fala, que não foge de questionamentos.

Também notei o olhar do detalhe, como o pássaro na janela que fazia toda a atenção dela se concentrar naquele ponto e dele retirar muitas observações. Pensei nela como um delicado *haikai*, como a borboleta pousando no sino, como o ser delicado e absolutamente leve na sua mudez magnífica, sobre o poderoso bronze que soa para que todos escutem. A borboleta sobre o sino implica a convivência dos opostos sem que nenhum anule o outro. A borboleta sobre o sino mantém a identidade de cada um dos seres, o silencioso-gracioso e o verborrágico-imponente. A monja tem uma borboleta e um sino em si, ajudou-me a olhar com mais atenção para a minha borboleta.

Por um mundo de bronzes que soam e de asas que farfalham com uma forte educação para a diversidade: este é o mundo da cultura de paz que a Monja Coen me ajudou a aperfeiçoar. O contato com o pensamento da Monja Coen me tornou melhor. Não sei se isto é budista ou cristão ou simplesmente humano.

GLOSSÁRIO

Arendt, Hannah (1906-1975): Filósofa política alemã nascida em uma família judaica, estudou nas universidades de Koniberg, Malburg, Freiburg e Heidelberg. Em decorrência da perseguição nazista, mudou-se para os Estados Unidos em 1941, onde escreveu grande parte de suas obras, além de lecionar. Sua filosofia baseia-se na crítica à sociedade de massas e à sua tendência de atomizar os indivíduos. Entre numerosas obras, destacam-se *As origens do totalitarismo* e *A condição humana*.

Bach, Johann Sebastian (1685-1750): Músico instrumental alemão, pouco se sabe a respeito de sua personalidade. Bastante reservado, dedicava a maior parte do tempo à produção de suas obras. Compôs várias sonatas em estilo barroco, sendo o órgão seu instrumento favorito. É tido como um dos maiores organistas de todos os tempos.

Barros Filho, Clóvis de (1965): É doutor em Ciências da Comunicação pela Escola de Comunicações e Artes da USP, onde obteve livre-docência. Palestrante há mais de dez anos no mundo corporativo, é autor de vários livros sobre filosofia moral, entre eles *Ética e vergonha na cara!*, em parceria com Mario Sergio Cortella, e *Felicidade ou morte*, com Leandro Karnal.

Buarque, Chico (1944): Um dos mais conhecidos compositores e intérpretes brasileiros, é também poeta e escritor. Teve papel importante durante a ditadura militar ao compor canções de protesto, como "Roda viva" e "Cálice". Como escritor, recebeu o prêmio Jabuti três vezes: por seu primeiro romance, *Estorvo*, em 1992; por *Budapeste*, em 2004, e por *Leite derramado*, em 2010.

Buda: Um dos títulos, ou o título principal, de Sidarta Gautama, fundador do budismo, significa "o que despertou", "o iluminado". Não se sabe ao certo a data em que nasceu, mas acredita-se que tenha sido por volta de 563 a.C., no atual Nepal, com morte em torno de 483 a.C. Filho de reis, o príncipe Sidarta desde cedo demostrou interesse pela meditação e pelo pensamento filosófico. Preocupado com o sofrimento humano, deixou palácio e título para buscar a iluminação.

Cortella, Mario Sergio (1954): Filósofo brasileiro, é mestre e doutor em Educação pela PUC-SP, onde lecionou por muitos anos. Foi também secretário municipal de Educação de São Paulo (1991-1992). Hoje, atua como palestrante e é autor de diversos títulos, entre os quais *Verdades e mentiras: Ética e democracia no Brasil*, em parceria com Gilberto Dimenstein, Leandro Karnal e Luiz Felipe Pondé.

Dalai-lama: Tenzin Gyatso é nome do 14º dalai-lama, líder espiritual tibetano, nascido em 1935. Ganhou o prêmio Nobel da Paz de 1989, em reconhecimento à sua campanha pacifista para acabar com a dominação chinesa no Tibete. Após uma rigorosa preparação, que incluiu o estudo do budismo, de história e filosofia, assumiu o poder político em 1950, ano em que o Tibete foi ocupado pela China. Em 1959, após o fracasso de uma rebelião nacionalista contra o governo chinês, exilou-se na Índia, onde permanece até hoje.

Dalí, Salvador (1904-1989): Nascido na Espanha, foi um dos mais importantes e conhecidos pintores surrealistas. Sua obra chama a atenção pelo bizarro, remetendo ao universo dos sonhos. Extravagante, seu bigode fino e curvado (na posição dez horas e dez minutos) era sua marca registrada.

Dogen, mestre Eihei (1200-1253): Mestre zen-budista japonês, fundou a escola Soto de zen. É conhecido por sua obra traduzida como *Olho tesouro do verdadeiro darma*, uma coleção composta de 95 fascículos dedicados à prática budista e à iluminação.

Fernandes, Millôr [Milton Viola Fernandes] (1923-2012): Como cartunista, colaborou nos principais órgãos de imprensa; como cronista, publicou mais de 40 títulos. Foi também dramaturgo de sucesso, artista gráfico com trabalhos expostos em várias galerias e no Museu de Arte Moderna do Rio de Janeiro. Escreveu roteiros de filmes, programas de televisão, *shows* e musicais, além de ter traduzido diversas obras teatrais. Irônico, polêmico, com seus textos e desenhos (des)construiu a crônica dos costumes brasileiros.

Freire, Paulo (1921-1997): Educador brasileiro, foi um dos mais importantes pedagogos do século XX. Mostrou um novo caminho para a relação entre professores e alunos. Suas ideias continuam influenciando educadores em todo o mundo. São palavras-chave para entender seu trabalho: diálogo como princípio, formação da consciência, ação cultural, educação popular e emancipação. Entre suas obras estão *Pedagogia do oprimido* e *Pedagogia da autonomia*.

Freud, Sigmund (1856-1939): Médico neurologista e psiquiatra austríaco, ficou conhecido como o "pai da psicanálise" por seu pioneirismo nos estudos sobre a mente e por apresentar ao mundo o inconsciente humano. Sua obra é objeto de questionamento, mas, inegavelmente, é ainda muito influente.

Gaiarsa, José Angelo (1920-2010): Médico psiquiatra brasileiro, classificava-se como um especialista em comunicação não verbal. Polêmico e contestador, seu trabalho versava sobre temas como família, sexualidade e relacionamentos amorosos.

Gandhi, Mahatma (1869-1948): Estadista indiano e líder espiritual, dedicou-se a lutar contra a opressão e a discriminação colonialista britânica. Desenvolveu a política da resistência passiva e da não violência. Liderou o movimento pela independência da Índia em 1947, mas acabou assassinado por um antigo seguidor.

Hesse, Hermann (1877-1962): Escritor alemão, filho de missionários protestantes, ficou conhecido pelo espírito inquieto e insatisfeito, recusando a religião e rebelando-se contra as convenções sociais e o meio burguês. Em viagem à Índia, foi influenciado pelo budismo, que adotaria pelo resto da vida. Autor de vários livros, premiado com o Nobel de Literatura em 1946, em *Sidarta* (1922) conta a história do filho de um sacerdote brâmane, que deixa o lar paterno para buscar a verdade e a sabedoria.

Hitler, Adolf (1889-1945): Ditador alemão, foi responsável por um dos maiores genocídios da história. Invadiu a Polônia em 1939, provocando a Segunda Guerra Mundial. Mandou milhões de judeus para campos de concentração e conquistou vários países da Europa. Em abril de 1945, foi derrotado pelas tropas soviéticas e suicidou-se em seu *bunker*.

Mira y López, Emilio (1896-1964): Psiquiatra e psicólogo nascido em Cuba, quando colônia espanhola, viveu sua formação intelectual e profissional na Espanha. Também ativo policamente, foi exilado e fixou residência no Brasil em 1947, convidado para dirigir o Instituto de Seleção e Orientação Profissional (Isop), cargo que ocupou até falecer. Destacou-se na luta pelo reconhecimento da profissão de psicólogo.

Moro, Sérgio (1972): Juiz federal brasileiro, ficou conhecido por comandar a Operação Lava Jato, que investiga crimes de corrupção. Admirado por uns, os críticos o acusam de parcialidade em suas decisões e apontam atitudes controversas, como quando divulgou o conteúdo dos grampos telefônicos que interceptaram conversas entre o ex-presidente Lula e a então presidente Dilma Rousseff.

Papa Francisco (1936): Sucedendo Bento XVI, que abdicou ao papado em fevereiro de 2013, o jesuíta intelectual, cardeal argentino Jorge Mario Bergoglio é o primeiro papa da América Latina. Adotou o nome de Francisco, por identificar-se profundamente com a figura de são Francisco de Assis, declarando diversas vezes querer "uma Igreja pobre para os pobres".

Pondé, Luiz Felipe (1959): É doutor em Filosofia pela USP e pela Universidade Paris VIII, com pós-doutorado pelas Universidades de Tel Aviv (Israel) e Giessen (Alemanha). Coordenador de curso e vice-diretor da Faculdade de Comunicação e Marketing da Faap, é professor da pós-graduação em Ciências da Religião da PUC-SP. Atua também como professor convidado em universidades do Brasil e do exterior. Tem vários livros publicados, entre eles *O que move as paixões*, em parceria com Clóvis de Barros Filho.

Rinpoche, Chagdud Tulku (1930-2002): Nascido no Tibete, aos quatro anos foi reconhecido como um *tulku* – encarnação de um mestre da meditação. Em 1959, escapou da ocupação comunista no Tibete e exilou-se em comunidades de refugiados na Índia e no Nepal até ir para os Estados Unidos, em 1979. Mudou-se para o Brasil em 1994, onde estabeleceu vários centros budistas, sendo o principal deles em Três Coroas, no Rio Grande do Sul.

Rousseff, Dilma (1947): Filiada ao Partido dos Trabalhadores (PT), foi a primeira mulher da história do Brasil a ser eleita para a Presidência da República. Ocupou o cargo entre 2011 e 2014, dando sequência a uma política de governo iniciada pelo ex-presidente Lula em 2003. Foi reeleita, mas teve o segundo mandato interrompido por processo de *impeachment* em 2016.

Santo Agostinho (354-430): Nascido Agostinho de Hipona, foi um bispo católico, teólogo e filósofo latino. Considerado santo e doutor da Igreja, escreveu mais de 400 sermões, 270 cartas e 150 livros. É famoso por sua conversão ao cristianismo, relatada em seu livro *Confissões*.

Sartre, Jean-Paul (1905-1980): Filósofo e escritor francês, foi um dos principais representantes do existencialismo. Romancista, dramaturgo e crítico literário, Sartre conquistou o prêmio Nobel, em 1964, mas o recusou. *Crítica da razão dialética*, que sintetiza a filosofia política do autor, *O ser e o nada* e *O muro* são algumas de suas obras mundialmente conhecidas.

Trump, Donald (1946): Empresário norte-americano, um dos homens mais ricos do mundo segundo a revista *Forbes*, em 2016 foi eleito presidente dos Estados Unidos. Defensor de projetos polêmicos, uma de suas promessas de campanha prevê a construção de um muro ao longo da fronteira com o México, para impedir a entrada de imigrantes.

Valéry, Paul (1871-1945): Pensador e escritor francês, seu nome ficou conhecido na literatura por sua obra poética, considerada uma das mais importantes do período em que atuou. Seus pontos de vista sobre questões sociais e políticas eram fundamentalmente céticos e niilistas.

Varella, Drauzio (1943): Médico cancerologista formado pela USP, lecionou em várias universidades e dirigiu por muitos anos o serviço de imunologia do Hospital do Câncer de São Paulo. É conhecido por importantes campanhas públicas de prevenção de doenças, como a Aids, e também por seu trabalho em penitenciárias.

Especificações técnicas

Fonte: Adobe Garamond Pro 12,5 p
Entrelinha: 18,3 p
Papel (miolo): Lux Cream 80 g/m^2
Papel (capa): Cartão 250 g/m^2
Impressão e acabamento: Paym